O alto preço da prosperidade
Monarquia unida em Israel

Coleção Bíblia em Comunidade

PRIMEIRA SÉRIE – VISÃO GLOBAL DA BÍBLIA

1. Bíblia, comunicação entre Deus e o povo – Informações gerais
2. Terras bíblicas: encontro de Deus com a humanidade – Terra do povo da Bíblia
3. O povo da Bíblia narra suas origens – Formação do povo
4. As famílias se organizam em busca da sobrevivência – Período tribal
5. O alto preço da prosperidade – Monarquia unida em Israel
6. Em busca de vida, o povo muda a história – Reino de Israel
7. Entre a fé e a fraqueza – Reino de Judá
8. Deus também estava lá – Exílio na Babilônia
9. A comunidade renasce ao redor da Palavra – Período persa
10. Fé bíblica: uma chama brilha no vendaval – Período greco-helenista
11. Sabedoria na resistência – Período romano
12. O eterno entra na história – A terra de Israel no tempo de Jesus
13. A fé nasce e é vivida em comunidade – Comunidades cristãs na terra de Israel
14. Em Jesus, Deus comunica-se com o povo – Comunidades cristãs na diáspora
15. Caminhamos na história de Deus – Comunidades cristãs e sua organização

SEGUNDA SÉRIE – TEOLOGIAS BÍBLICAS

1. Deus ouve o clamor do povo (Teologia do êxodo)
2. Vós sereis o meu povo e eu serei o vosso Deus (Teologia da aliança)
3. Iniciativa de Deus e corresponsabilidade humana (Teologia da graça)
4. O Senhor está neste lugar e eu não sabia (Teologia da presença)
5. Profetas e profetisas na Bíblia (Teologia profética)
6. O Sentido oblativo da vida (Teologia sacerdotal)
7. Faça de sua casa um lugar de encontro de sábios (Teologia sapiencial)
8. Grava-me como selo sobre teu coração (Teologia bíblica feminista)
9. Teologia rabínica (em preparação)
10. Paulo, apóstolo de Jesus Cristo pela vontade de Deus (Teologia paulina)
11. Compaixão, cruz e esperança (Teologia de Marcos)
12. Lucas e Atos: uma teologia da história (Teologia lucana)
13. Ide e fazei discípulos meus todos os povos (Teologia de Mateus)
14. Teologia joanina (em preparação)
15. Eis que faço novas todas as coisas (Teologia apocalíptica)
16. As origens apócrifas do cristianismo (Teologia apócrifa)
17. Teologia da Comunicação (em preparação)
18. Minha alma tem sede de Deus (Teologia da espiritualidade bíblica)

TERCEIRA SÉRIE – BÍBLIA COMO LITERATURA

1. Bíblia e Linguagem: contribuições dos estudos literários (em preparação)
2. Introdução às formas literárias no Primeiro Testamento (em preparação)
3. Introdução às formas literárias no Segundo Testamento (em preparação)
4. Introdução ao estudo das Leis na Bíblia
5. Introdução à análise poética de textos bíblicos
6. Introdução à Exegese patrística na Bíblia (em preparação)
7. Método histórico-crítico (em preparação)
8. Análise narrativa da Bíblia
9. Método retórico e outras abordagens (em preparação)

QUARTA SÉRIE – RECURSOS PEDAGÓGICOS

1. O estudo da Bíblia em dinâmicas – Aprofundamento da Visão Global da Bíblia
2. Aprofundamento das teologias bíblicas (em preparação)
3. Aprofundamento da Bíblia como Literatura (em preparação)
4. Pedagogia bíblica
   4.1. Primeira infância: E Deus viu que tudo era bom
   4.2. Segundo Infância (em preparação)
   4.3. Pré-adolescência (em preparação)
   4.4. Adolescência (em preparação)
   4.5. Juventude (em preparação)
5. Modelo de ajuda (em preparação)
6. Mapas e temas bíblicos (em preparação)
7. Metodologia de estudo e pesquisa (em preparação)

Serviço de Animação Bíblica - SAB

O alto preço da prosperidade

Monarquia unida em Israel
(Aprox. 1030-931 a.E.C.)

5ª edição - 2010
6ª reimpressão – 2019

Dados Internacionais de Catalogação na Publicação (CIP) (Câmara Brasileira do Livro, SP, Brasil)

O alto preço da prosperidade : monarquia unida em Israel (1030-931 a.E.C.) / elaboração de texto Romi Auth, Equipe do SAB ; ilustração Roberto Melo. – 5. ed. – São Paulo : Paulinas, 2010. – (Coleção Bíblia em comunidade. Série visão global ; v. 5)

ISBN 978-85-356-0718-5

1. Bíblia - Estudo e ensino 2. Bíblia - História 3. Israel - História 4. Judeus - Reis e governantes 5. Povo de Deus - Ensino bíblico 6. Reis governantes - Ensino bíblico I. Auth, Romi. II. Serviço de Animação Bíblica - SAB. III. Melo, Roberto. IV. Série.

10-06610   CDD-220.95

Índice para catálogo sistemático:
1. Povo de Deus : Bíblia : História   220.95

Elaboração do texto: Romi Auth, fsp, e Equipe do SAB
Assessores bíblicos: Jacil Rodrigues de Brito, José Raimundo Oliva, Paulo Sérgio Soares, Valmor da Silva
Cartografia: Prof. Dr. José Flávio Morais Castro, do Departamento de Planejamento Territorial e Geoprocessamento do IGCE – UNESP
Metodologia: Maria Inês Carniato
Ilustrações: Roberto Melo
Citações bíblicas: Bíblia de Jerusalém, São Paulo, Paulus, 1985

Gratidão especial às pessoas que colaboraram, com suas experiências, sugestões e críticas, para a elaboração e apresentação final do projeto "Bíblia em comunidade" na forma de livro e transparências para retroprojetor.

SAB – Serviço de Animação Bíblica
Av. Afonso Pena, 2142 – Bairro Funcionários
30130-007 – Belo Horizonte – MG
Tel.: (31) 3269-3737 – Fax: (31) 3269-3729
E-mail: sab@paulinas.com.br

Paulinas
Rua Dona Inácia Uchoa, 62
040110-020 – São Paulo – SP (Brasil)
Tel.: (11)2125-3500
http://www.paulinas.com.br – editora@paulinas.com.br
Telemarketing e SAC: 0800-7010081

©Pia Sociedade Filhas de São Paulo – São Paulo, 2001

Apresentação

Os volumes da coleção "Bíblia em comunidade" têm o objetivo de acompanhar os que desejam entrar em comunicação e comunhão com Deus por meio da Bíblia, trazendo-a para o centro de sua vida e da comunidade.

Muitas pessoas — e talvez você — têm a Bíblia e a colocam num lugar de destaque em sua casa; outras fazem dela o livro de cabeceira; outras, ainda, a leem engajadas na caminhada de fé de sua Igreja, seguindo sua orientação. Muitas, ao lê-la, sentem dificuldade de entendê-la e a consideram misteriosa, complicada, difícil. Algumas das passagens bíblicas até despertam medo. Por isso, a leitura, o estudo, a reflexão, a partilha e a oração ajudam a despertar maior interesse nas pessoas; na leitura diária elas descobrem a Palavra como força que as leva a ver a realidade com olhos novos e a transformá-la. O conhecimento, a libertação, o amor, a oração e a vida nova que percebem ao longo da caminhada são realizações de Deus com sua presença e ação.

Esta coleção oferece um estudo progressivo em quatro séries. A primeira, "Visão global", traz as grandes etapas da história do povo da Bíblia: a terra, a região, a cultura, os personagens, as narrativas que falam de sua relação de amor com Deus. À medida que conhecemos a origem e a história do povo, percebemos que a Bíblia retrata a experiência de pessoas como nós, que descobriram a presença de Deus no cotidiano de sua vida e no da comunidade, e assim deram novo sentido aos acontecimentos e à história.

"Teologias bíblicas" são o assunto da segunda série, que estuda aquilo que o povo da Bíblia considerou essencial em sua comunicação com Deus. As grandes experiências de fé foram sempre contadas, revividas e celebradas nos momentos mais importantes da história e ao longo das gerações. O povo foi entendendo progressivamente quem era Deus na multiplicidade de suas manifestações, especialmente nas situações difíceis de sua história.

O título da terceira série é "Bíblia como literatura". Nela são retomados os textos bíblicos de épocas, lugares, contextos sociais, culturais e religiosos diferentes. Vamos estudar, por meio dos diversos gêneros literários, a mensagem, a interpretação e o sentido que eles tiveram para o povo da Bíblia e que nós podemos descobrir hoje. Cada um deles expressa, de forma literária e orante, a experiência de fé que o povo fez em determinadas situações concretas. Os tempos de hoje têm muitas semelhanças com os tempos bíblicos. Embora não possamos transpor as situações do presente para as da época bíblica, pois os tempos são outros, mas o conhecimento da situação em que os escritos nasceram ajuda-nos a reler a nossa realidade com os mesmos olhos de fé.

Por fim, a quarta série, "Recursos Pedagógicos", traz ferramentas metodológicas importantes para auxiliar no estudo e aprofundamento do conteúdo que é oferecido nas três séries: Visão Global da Bíblia, Teologias Bíblicas e Bíblia como Literatura. Esta série ajuda, igualmente, na aplicação de uma Metodologia de Estudo e Pesquisa da Bíblia; na Pedagogia Bíblica usada para trabalhar a Bíblia com crianças, pré-adolescentes, adolescentes e jovens; na Relação de Ajuda para desenvolver as habilidades de multiplicador e multiplicadora da Palavra, no meio onde vive e atua.

A coleção "Bíblia em comunidade" quer acompanhar você na aventura de abrir, ler e conhecer a Bíblia, e, por meio dela, encontrar-se com o Deus Vivo. Ele continua, hoje, sua comunicação em nossa história e com cada um(a) de nós. Mas, para conhecê-lo profundamente, é preciso deixar que a luz que nasce da Bíblia ilumine o contexto de nossa vida e de nossa comunidade.

Este e os demais subsídios da coleção "Bíblia em comunidade" foram pensados e preparados para pessoas e grupos interessados em fazer a experiência da revelação de Deus na história e acompanhar outras pessoas nessa caminhada. O importante neste estudo é perceber a vida que se reflete nos textos bíblicos, os quais foram vida para nossos antepassados e podem ser vida para nós. Sendo assim, as ciências, a pesquisa, a reflexão sobre a história, os fatos podem nos ajudar a não cair numa leitura fundamentalista, libertando-nos de todos os "ismos" — fundamentalismos, fanatismos, literalismos, proselitismos, exclusivismos, egoísmos... — e colocando-nos numa posição de abertura ao inesgotável tesouro de nossas tradições milenares. A mensagem bíblica é vida, e nossa intenção primeira é evidenciar, ajudar a tornar possível essa vida.

Vamos juntos fazer esta caminhada!

Equipe do SAB

Metodologia

Para facilitar a compreensão e a assimilação da mensagem, a coleção "Bíblia em comunidade" segue uma metodologia integral, que descrevemos a seguir.

Motivação

"Tira as sandálias", diz Deus a Moisés, quando o chama para conversar (Ex 3,5). Aproximar-se da Bíblia de pés descalços, como as crianças gostam de andar, é entrar nela e senti-la com todo o ser, permitindo que Deus envolva nossa capacidade de compreender, sentir, amar e agir.

Para entrar em contato com o Deus da Bíblia, é indispensável "tornar-se" criança. É preciso "tirar as sandálias", despojar-se do supérfluo e sentir-se totalmente pessoa, chamada por Deus pelo nome, para se aproximar dele, reconhecê-lo como nosso *Go'el*, nosso Resgatador, e ouvi-lo falar em linguagem humana. A comunicação humana é anterior aos idiomas e às culturas. Para se comunicar, todo ser humano utiliza, ainda que inconscientemente, a linguagem simbólica que traz dentro de si, a qual independe de idade, cultura, condição social, gênero ou interesse. É a linguagem chamada primordial, isto é, primeira: a imagem, a cor, o ritmo, a música, o movimento, o gesto, o afeto, enfim, a experiência.

A escrita, a leitura e a reflexão são como as sandálias e o bastão de Moisés: podem ajudar na caminhada até Deus, mas, quando se ouve a voz dele chamando para conversar, não se leva nada. Vai-se só, isto é, sem preconceitos nem resistências: "como criança", de pés descalços.

Sintonia integral com a Bíblia

O estudo da Bíblia exige uma metodologia integral, que envolva não só a inteligência, mas também o coração, a liberdade e a comunidade.

Com a inteligência, pode-se conhecer a experiência do povo da Bíblia:

- descobrir o conteúdo da Bíblia;
- conhecer o processo de sua formação;
- compreender a teologia e a antropologia que ela revela.

Com o coração, é possível reviver essa experiência:

- entrar na história da Bíblia, relendo a história pessoal e a da comunidade à luz de Deus;
- realizar a partilha reverente e afetiva da história;
- deixar que a linguagem humana mais profunda aflore e expresse a vida e a fé.

Com a liberdade, a pessoa pode assumir atitudes novas:

- deixar-se iluminar e transformar pela força da Bíblia;
- viver atitudes libertadoras e transformadoras;
- fazer da própria vida um testemunho da Palavra de Deus.

Com a comunidade, podemos construir o projeto de Deus:

- iluminar as diversas situações da vida;
- compartilhar as lutas e os sonhos do povo;
- comprometer-nos com a transformação da realidade.

Pressupostos da metodologia integral

Quanto aos recursos:

- os que são utilizados com crianças são igualmente eficazes com adultos, desde que estes aceitem "tornar-se crianças";
- incentivam o despojamento, a simplicidade e o resgate dos valores esquecidos na vida da maioria dos adultos. As duas expressões elementares da linguagem humana primordial são imagem-cor, movimento-ritmo. Todo recurso metodológico que partir desses elementos encontra sintonia e pode se tornar eficaz.

Quanto à experiência proposta:

A metodologia integral propõe que o conhecimento seja construído não só por meio do contato com o texto escrito, mas também da atualização da experiência. Para isso é indispensável:

- a memória partilhada e reverente da história, do conhecimento e da experiência de cada um dos participantes;
- o despojamento de preconceitos, a superação de barreiras e o engajamento nas atividades alternativas sugeridas, como encenações, danças, cantos, artes.

Recursos metodológicos

Para que a metodologia integral possa ser utilizada, a coleção "Bíblia em comunidade" propõe os seguintes recursos metodológicos:

a) Livros

Os livros de coleção trazem, além do conteúdo para estudo, as sugestões de metodologia de trabalho com os temas em foco. Podem ser utilizados de várias formas: em comunidade ou em grupo, em família ou individualmente.

1. Partilha comunitária

Pode reunir-se um grupo de pessoas, lideradas por alguém que tenha capacitação para monitorar a construção comunitária da experiência, a partir da proposta dos livros.

2. Herança da fé na família

Os livros podem ser utilizados na família. Adultos, jovens, adolescentes e crianças podem fazer a experiência sistemática de partilha da herança da fé, seguindo a metodologia sugerida nas reuniões, como se faz na catequese familiar.

Na modalidade de estudo em comunidade, em grupo ou em família, existem ainda duas opções:

- *Quando todos possuem o livro.* O conteúdo deve ser lido por todos, antes da reunião; nela se faz o mutirão da memória do que foi lido e o(a) líder coordena a síntese; depois se realiza o roteiro previsto nas sugestões metodológicas para o estudo do tema.

- *Quando só o(a) líder tem o livro.* Fica a cargo do(a) líder a prévia leitura e síntese do conteúdo, que será exposto ao grupo. Passa-se a seguir ao roteiro previsto nas sugestões metodológicas para o estudo do tema.

3. Estudo pessoal dos livros

Embora a coleção dê ênfase ao estudo da Bíblia em comunidade, os livros podem ser utilizados também por pessoas que prefiram conhecê-la e estudá-la individualmente, seguindo os vários temas tratados.

b) Recursos visuais:

Para que se realize a metodologia integral, são indispensáveis mapas, painéis e ilustrações, indicados nos roteiros de estudo dos temas, sempre que necessário. Os recursos seguem alguns critérios práticos:

- os mapas se encontram nos livros, para que as pessoas possam colori--los e visualizá-los;
- esses mapas foram reproduzidos em transparências para retroprojetor;
- outros recursos sugeridos nos roteiros podem ser produzidos segundo a criatividade do grupo.

Roteiro para o estudo dos temas

Os encontros para o estudo dos temas seguem um roteiro básico composto de quatro momentos significativos. Cada momento pode ter variantes, como também a sequência dos momentos e os recursos neles usados nem sempre são os mesmos. Os quatro momentos são:

1. *Oração*: conforme a criatividade do grupo.
2. *Mutirão da memória*: para compor a síntese do conteúdo já lido por todos ou para ouvir a exposição feita pelo(a) líder.
3. *Partilha afetiva*: memória e partilha de experiências pessoais que venham ilustrar os temas bíblicos que estão sendo trabalhados.
4. *Sintonia com a Bíblia*: leitura dos textos indicados, diálogo e síntese da experiência de estudar o tema e sua ressonância em nossa realidade. Cabe ao(à) líder mostrar os pontos essenciais do conteúdo. Quanto ao desenvolvimento, pode ser assessorado por equipes: de animação, de espiritualidade, de organização.

Cursos de capacitação de agentes para a pastoral bíblica

O Serviço de Animação Bíblica (SAB) oferece cursos de capacitação de agentes que desejam colaborar na formação bíblica em suas comunidades, paróquias e dioceses. Os cursos oferecem o aprofundamento dos temas a partir da coleção "Bíblia em comunidade" e a realização de atividades que possibilitem uma análise de conteúdos a partir das diversas linguagens de comunicação, como: vídeo, teatro, métodos de leitura bíblica e outros.

10

Introdução

Este é o quinto volume da série "Visão global", que faz parte da coleção "Bíblia em comunidade". Trata do tempo da monarquia unida em Israel.

O livro está organizado em quatro temas, cada um com um roteiro para estudo do assunto.

O primeiro tema, "Mudança de regime político em Israel", mostra como algumas tribos, organizadas em conselho comunitário, começam a prosperar economicamente e atraem a cobiça e as invasões dos povos vizinhos. O conselho tribal então decide implantar a monarquia, para ter um poder central e um exército permanente, o que de fato se inicia com o primeiro chefe militar, Saul.

No contexto de monarquia, o segundo tema, "Davi, de pequeno pastor a grande rei", aborda a vida e o reinado de Davi. Trata-se das conquistas de expansão do reino, do seu relacionamento com todas as tribos de Israel, das suas fraquezas e deslizes em realizar o projeto de Deus para o povo.

"Grandezas e sombras do reino de Salomão", tema do terceiro bloco, salienta o espírito empreendedor de Salomão, especialmente na construção do templo de Jerusalém, na expansão do comércio e na organização do culto a Deus. Mas também mostra o outro lado do grande reino: a opressão do povo. Salomão tornou-se semelhante ao faraó do Egito.

O quarto tema, "Profetas e primeiros textos bíblicos: Deus escreve nas linhas da história", apresenta o papel dos profetas que procuravam tirar o rei e o povo da idolatria e reconduzi-los para a fidelidade a Deus. Mostra como os escritos bíblicos retratam esse período na vida do povo. Nessa época começaram a surgir alguns textos bíblicos (e outros muitos surgiram depois) que fazem a releitura da história da monarquia.

O que este volume quer dizer a você é que Deus assume como Palavra sua aquilo que o povo compreende e escreve, dentro das limitações humanas, ao tentar descobri-lo na história.

11

1º tema
Mudança de regime político em Israel

Mudar ou ficar com o sistema de governo tribal? Se mudar, qual o modelo político a adotar? Se ficar o sistema tribal, como resolver os problemas internos e externos que as tribos enfrentam? É o que vamos ver neste capítulo.

Do sistema tribal ao poder centralizado

É bem provável que Israel tenha vivido por muitos anos a experiência da Confederação das Tribos. Quanto tempo durou essa forma de governo? Alguns falam de mais ou menos 200 anos, desde a época em que os grupos começaram a ocupar e conquistar os respectivos territórios. Não sabemos ao certo quando essa forma de governo se estendeu a todas as 12 tribos. Podemos ter como certo que, no início do período tribal, houve uma forma tímida de governo centralizado de algumas tribos da região Central e Norte de Canaã, o que favoreceu o início da monarquia, embora não conhecêssemos, com exatidão o ano em que começou; acredita-se que tenha iniciado com Saul, por volta do ano 1030 a.E.C.

No período tribal, era o juiz quem reunia as forças das diferentes tribos para a defesa territorial da tribo ameaçada. Mas as dificuldades internas e externas cresciam sempre mais.

Surgiu, então, entre as tribos, a necessidade de uma organização maior e mais estável, de um governo centralizado. A monarquia parecia ser a forma de governo mais apropriada. Porém, não nasceu de repente. Foi provocada por algumas causas internas e externas que a favoreceram.

Por um lado algumas tribos experimentaram, já no final da experiência tribal, a melhoria das condições de vida. Para isso contribuíram as novas técnicas agrícolas trazidas pelo machado de ferro, pelo arado, pela nova forma de conservação de água nas cisternas e pelo uso do boi na aração e preparação da terra para o plantio. A produção cresceu, o excedente foi vendido e foram aumentadas as vias de comunicação para o escoamento dos produtos. As melhorias favoreceram o crescimento de algumas aldeias nas montanhas e o prestígio de algumas tribos. Esse fato, porém, desequilibrou a Confederação das Tribos, que se reuniam em Siquém, na região Norte, e em

Mudança de regime político em Israel

Hebron, na região Sul. Começaram a existir desigualdades econômicas e sociais entre as tribos: algumas enriqueceram e outras empobreceram.

Por outro lado, havia as contínuas ameaças de invasão dos povos vizinhos, sobretudo dos filisteus, que estavam mais bem equipados do que os israelitas. Tinham carros de guerra e espadas de ferro para se defender e enfrentar os inimigos. A Bíblia nos informa que os filisteus atacaram e venceram muitas vezes os israelitas. Chegaram a destruir o santuário de Silo (Jr 7,12) e tomaram a Arca da Aliança (1Sm 4,10-11). Tudo isso fez com que as tribos invejassem a organização dos vizinhos, centralizada no rei com um exército permanente. No tempo de Samuel, último juiz, um grande número de tribos aderiu à convocação para fazer frente aos inimigos de Israel (1Sm 7,3-9). O problema surgiu na sucessão de Samuel que, já velho, não podia mais comandar as tribos (1Sm 12,2). Seus filhos não eram íntegros na conduta; deixavam-se corromper pela ganância (1Sm 8, 1-3). Na visão dos anciãos não restava outra alternativa senão ungir um rei para Israel.

1Sm 8 apresenta a figura do rei de uma forma muito negativa. O referencial são as nações vizinhas, cujos reis eram divinizados e opressores. A pergunta que está por trás desse texto é esta: o rei de Israel, também ele, ocupará o lugar de Deus? Será opressor como os reis das outras nações? Quando o povo de Israel pede um rei, isso é interpretado como um menosprezo a Deus e um esquecimento de seus feitos libertadores na história. Isso significa que em Israel o verdadeiro rei é Deus. E aquele que exerce a autoridade no meio do povo — no caso, o rei — é um membro da comunidade ungido para um serviço específico: governar o povo observando a Torah.

No Brasil, a monarquia não era vista nem exercida como um governo teocrático, conforme a concepção do povo de Israel; muito menos foi pedida e querida pelo povo ou por seus líderes, mas foi imposta de fora. E isso provocou muitas revoltas em todo o território nacional.

O regime monárquico no Brasil

Israel e Brasil fizeram a experiência da monarquia. Em Israel, a monarquia era desejada pelos líderes de algumas tribos mais florescentes economicamente, cansadas de serem vencidas pelos inimigos vizinhos. Queriam exercer o poder de mando sobre as tribos mais fracas. No Brasil, a monarquia se impôs repentina-

15

Visão Global 5

mente. Com a invasão de Portugal pelos franceses em 1807, o rei e sua corte fugiram para o Brasil, então colônia, instalando-se no Rio de Janeiro. Em 1815, o Brasil deixou de ser colônia para se tornar reino unido a Portugal e Algarve, abrigando a sede do governo monárquico.

A partir da chegada da corte portuguesa ao Brasil, em 1808, nasceu uma forte hostilidade ao governo colonial português. Esse movimento foi determinante para o retorno do rei e da corte para Portugal e para a proclamação de nossa Independência em 1822. O grito da Independência escondia o desejo de manter a unidade nacional e garantir a permanência do príncipe no trono. A partir de 1822, o Brasil se tornou uma monarquia imperial. Dom Pedro I, filho de dom João VI, foi o primeiro imperador do Brasil. A ele sucedeu seu filho dom Pedro II, que foi o segundo e último imperador do país. Durante a monarquia do Brasil, houve muitas revoltas populares, como a Cabanagem (Pará), a guerra dos Farrapos (Rio Grande do Sul), a Sabinada (Bahia) e a Balaiada (Maranhão). A monarquia não chegou a completar 70 anos; logo foi substituída pela forma de governo republicano, em 1889, que dura até hoje.

De tribos a reinos: monarquia no antigo Oriente Próximo

Três mil anos antes de o Brasil ter feito a experiência da monarquia, essa forma de governo já era conhecida no Egito e no antigo Oriente Próximo. Alguns reinos chegaram a se transformar em grandes impérios, como o Egito, a Assíria, a Babilônia e a Pérsia. Todos esses impérios, em períodos diferentes, dominaram a região de Canaã, mais tarde conhecida como Israel, a terra do povo da Bíblia. Os reis desses extensos impérios dominavam grandes territórios, ajudados por exércitos permanentes que permitiam aumentar a área do império. O imperador era sucedido normalmente por um filho. Tanto Israel quanto o Brasil viveram a experiência da dominação de outros povos.[1]

Além dos grandes impérios, as tribos eram rodeadas por outros pequenos reinos monárquicos. As cidades-estados de Canaã eram governadas pelos "reis de Canaã", que dominavam os territórios situados ao redor da cidade fortificada.

---

[1] Verifique os mapas "Antigos impérios" e "Regiões naturais da Terra de Israel", no volume 2 desta série (*Terras bíblicas: encontro de Deus com a humanidade*), para observar os impérios e pequenos reinos que rodeavam a terra de Israel.

Mudança de regime político em Israel

Ao norte de Canaã, a Síria já estava organizada em pequenos principados independentes. Ao sul da região da Transjordânia, estabeleceram-se os amonitas, moabitas e edomitas, que se organizaram também de forma independente e autônoma. Os amonitas fundaram um pequeno reino (1Sm 11,1-11; 2Sm 10,1); os moabitas também, ao sul do rio Arnon (Nm 21,11-15; 22,4.10; Jz 3,12-30), por volta do século X a.E.C. Os edomitas passaram da estrutura tribal para a monarquia hereditária. Cada grupo seguiu seu ritmo durante a instalação da monarquia. As relações desses pequenos reinos com as tribos de Israel em geral eram hostis, embora não representassem uma ameaça vital.

As cidades costeiras da Síria, Fenícia, Sidônia e outras eram relativamente independentes umas das outras. Nelas já existia a realeza de forma hereditária. Havia cidades importantes no plano comercial, feito sobretudo por via marítima. Muitos desses grupos de vida e estrutura tribal adotaram a instituição da realeza.

Pouco a pouco também as tribos de Israel foram percebendo que havia necessidade de uma união maior, para fazer frente a esses pequenos reinos em caso de ameaças, principalmente dos filisteus e amonitas. No período de Samuel, a pressão dos filisteus aumentou; algumas tribos mais prósperas sentiram a necessidade de ter "um rei [...] como acontece em todas as nações" (1Sm 8,5). A tradição bíblica é particularmente complexa no que se refere ao começo da história da instituição monárquica, que se afastava das tradições tribais.

Os reis eram representantes dos deuses

Alguns poemas descobertos nas regiões da Suméria, da Fenícia, dos hititas e dos egípcios revelaram que o rei era uma espécie de mediador da ordem, da justiça e da sabedoria suprema, estabelecida no mundo pela divindade. Ele se encontrava acima da comunidade nacional, muito próximo da divindade, com a qual mantinha um relacionamento único, chegando a afirmar ser "filho de deus".

Em Israel, ao contrário, o rei devia servir a Deus. Antes, havia, inicialmente, até uma grande resistência à monarquia, conforme o revelam os textos de 1Sm 8; 10,17-24; 12. Também no Brasil, diversos movimentos de resistência popular se formaram diante do sistema de governo monárquico. Alguns textos bíblicos apontam para dificuldades em três

17

Visão Global 5

aspectos diferentes: teológico, so-cioeconômico e político.

No aspecto religioso, a escolha de um rei significava a substituição de Deus por um homem. Em 1Sm 10,17-24; 12, Deus se manifesta ressentido ao recordar todos os benefícios que realizou em favor do povo: "Vós hoje, no entanto, rejeitastes o vosso Deus, aquele que vos salvou de todos os vossos males e de todas as angústias que vos afligiam, e dissestes: 'Não! Constitui sobre nós um rei'" (1Sm 10,19).

No aspecto socioeconômico, Samuel apresenta os prejuízos que essa nova forma de governo traria ao povo (1Sm 8,11-18): "Este é o direito do rei que reinará sobre vós: ele convocará os vossos filhos e os encarregará dos seus carros de guerra e dos seus cavalos e os fará correr à frente de seu carro [...] Ele tomará as vossas filhas para perfumistas, cozinheiras e padeiras. Tomará os vossos campos, as vossas vinhas, os vossos melhores olivais, e os dará aos seus oficiais [...] Exigirá o dízimo dos vossos rebanhos, e vós mesmos vos tornareis seus escravos".

Nada disso assustou o povo. Foi reafirmado o pedido, embora não houvesse unanimidade entre as pessoas. Mas havia o grupo mais forte, que se impôs e manipulou os demais.

No campo político, o povo de Israel caiu na tentação de imitar os povos vizinhos ao pedir um rei como tinham os demais (1Sm 8,19-22): "[...] o nosso rei nos julgará, irá à nossa frente e fará as nossas guerras". Samuel, sentindo-se pressionado, consultou o Senhor sobre o pedido dos anciãos.[2] E o Senhor lhe ordenou: "Satisfaz a vontade deles e entroniza-lhes um rei". Samuel, bastante contrariado, atendeu esse pedido e ungiu Saul como rei para a defesa do território contra a invasão dos amonitas (1Sm 12,1-12) e dos filisteus (1Sm 9,16b).

Em Israel surge um novo projeto sociopolítico

No final do período dos juízes, já havia nascido a convicção de que era necessário formar um governo centralizado, ao menos na região Central e Norte de Israel. Essas tri-

---

[2] Os anciãos constituíam um corpo social importante na sociedade de Israel. Tinham prestígio e responsabilidades no campo político e religioso. São mencionados tanto no Primeiro quanto no Segundo Testamento (Ex 3,16; 1Sm 8,4; 2Rs 23,1; Mc 11,27; Lc 22,66).

Mudança de regime político em Israel

bos admitiam uma origem comum, acreditavam no mesmo Deus e afirmavam o mesmo destino. Contudo, não constituíam ainda um Estado.

Os juízes eram chefes carismáticos ocasionais, limitados no espaço e no tempo, ou seja, só atuavam em sua tribo e talvez em mais algumas (por exemplo, Samuel, nos tempos de guerra). As ameaças se tornaram cada vez mais um perigo crônico, seja da parte dos filisteus, situados na faixa litorânea, seja da parte dos amonitas, na região Leste da Transjordânia, e dos amalecitas, no Sul. A saída para Israel era encontrar um chefe permanente que pudesse criar condições para organizar com maior vigor o recrutamento das tribos. Já havia as bases para uma organização mais sólida e duradoura, bem como coesão entre as tribos. Era necessário um novo tipo de chefe: deveria ser estável e ter um exército permanente. Várias tribos, principalmente as mais prósperas (1Sm 9,1; 11,5.7), com excedentes de produção, queriam uma estrutura política fixa, com uma cabeça hegemônica. Nesse contexto, Saul foi escolhido para ser o primeiro rei de Israel.

Saul, em busca de segurança e paz: aproximadamente 1030-1010 a.E.C.

Saul foi escolhido em meio à expectativa de dar início à nova forma de governo em Israel. Não podemos dizer que ele tenha exercido o poder sobre as tribos de Israel (1Sm 10,26s.; 11,12). Algumas delas aderiram, acolheram sua liderança, e ele as congregava, em defesa própria, nos momentos de ameaça e perigo. Mas não chegou a governar todas as tribos.

Em 1Samuel, encontramos três narrativas diferentes sobre a escolha de Saul para rei: a unção secreta por parte de Samuel, a escolha por meio de um sorteio e a eleição por aclamação do povo.

Saul é ungido rei secretamente por Samuel: 1Sm 9,1–10,8

A primeira narrativa introduz a pessoa de Saul mediante um caso bastante curioso: a perda das jumentas de Cis, pai de Saul. Cis era da tribo de Benjamim e homem poderoso (v. 1). Ele mandou o filho à procura das jumentas que se haviam desgarrado. Saul não as encontrou e foi aconselhado a consultar o "homem de Deus", Samuel, que recebeu a revelação de que deveria ungir Saul como chefe do povo de Israel (v. 16). Assim, a narrativa

Visão Global 5

passa a ideia de que a monarquia é querida por Deus, o qual determina também quem será o rei. Samuel desempenha o papel de simples e desconhecido "vidente" (1Sm 9, 6-9.14), e não de juiz.

"Então Samuel pegou o frasco de azeite e o derramou sobre a cabeça de Saul, beijou-o e disse-lhe: 'Não foi o Senhor que te ungiu como chefe de seu povo, Israel? Tu és quem julgará o povo do Senhor e o livrarás da mão dos inimigos ao redor. Este é o sinal de que o Senhor te ungiu como chefe da sua herança'" (1Sm 10,1).

Nesse texto, o profeta unge Saul em nome de Deus. Isso não significa que tudo o que Saul fizer desse dia em diante terá a aprovação de Deus, mas o texto ressalta que a missão que ele recebeu deve ser conforme o plano de Deus, exercida segundo o direito e a justiça. O redator bíblico, aqui, procura apresentar a pessoa de Saul rei assemelhando-o à de Moisés no êxodo, o qual recebe de Deus, "que ouve o clamor do povo" (Ex 3,7; 1Sm 9,16), a missão de libertar da opressão e julgar o povo de Israel (Ex 18,13-16; 1Sm 9,17).

Saul é escolhido por sorteio entre as tribos: 1Sm 10,9-27

Nessa narrativa, Samuel convocou todas as tribos de Israel e tirou a sorte para saber dentre qual delas seria escolhido o primeiro rei. A sorte recaiu sucessivamente sobre a tribo de Benjamim, sobre o clã de Metri e finalmente sobre Saul, filho de Cis. E Samuel o apresentou ao povo, dizendo: "Vedes agora a quem o Senhor escolheu? Não há quem se lhe compare entre todo o povo". Então todos começaram a aclamá-lo e a bradar: "Viva o rei!" (1Sm 10,24). O sorteio era uma forma de interpretação da vontade de Deus, sem a intervenção humana.[3] Nessa narrativa, de início, Samuel aponta a rejeição do povo a Deus, ao querer um rei (vv. 17-19). Em seguida, contudo, acolhe a vontade do povo, escolhe seu rei e apresenta a todos o "direito do rei", à semelhança de 1Sm 8,10-18.

Saul é eleito por aclamação do povo: 1Sm 11,1-15

A terceira narrativa da escolha de Saul para ser rei inicia-se com a descrição da ameaça dos amonitas

---

[3] Cf. também At 1,19-26, particularmente o v. 26.

Mudança de regime político em Israel

contra os habitantes de Jabes de Galaad, da tribo de Gad. A notícia chegou até Gabaá, a cidade de Saul. O povo ficou apavorado e começou a chorar e gritar. Saul escutou os gritos e o choro do povo e perguntou o que estava acontecendo. Contaram-lhe tudo; indignado, ele convocou "todo o Israel" para combater os amonitas, vencendo-os. Então, Samuel convocou todo o povo em Guilgal e lá "Saul foi proclamado rei perante o Senhor".

O motivo imediato da escolha foi sua qualidade guerreira, pois ele obteve a vitória contra os amonitas, inimigos de Israel. O texto não fala quais foram as tribos que o aclamaram rei. Provavelmente, não foram todas, mas com certeza a de Benjamim e talvez mais algumas (v. 15). A partir destas, Saul formou seu exército permanente, escolhendo Abner como chefe (1Sm 14,50). Devia ser um pequeno exército com uma organização ainda muito embrionária centralizada na cidade de Gabaá, da tribo de Benjamim.

A monarquia alternativa: escolhido por Deus e aclamado pelo povo

As narrativas referentes à ascensão de Saul ao trono — tanto as que revelam uma resistência a ele como as que lhe são favoráveis — evidenciam dois pontos essenciais que asseguraram sua realeza: Deus escolhe por meio do profeta o seu representante, o rei (1Sm 9,14-17; 9,26–10,1; 10,17-21; 11,12-15). Essa escolha é confirmada com a aclamação do povo (1Sm 10,24; 11,15).

Há autores que apontam os dois elementos como essenciais na monarquia de Israel. Isso significa que ninguém podia chegar a ser rei em Israel pelo próprio impulso. Fazia-se necessária a escolha de Deus e a aprovação do povo. Era a monarquia do Senhor sobre uma base reconhecida e confirmada pela comunidade popular. O rei se encontrava exatamente entre o Senhor e o povo. Teoricamente era o representante de Deus junto ao povo e vice-versa.

Mas há também um terceiro elemento presente nos textos sobre o reinado de Saul: o rei não podia pretender ser o único representante do Senhor nem o único intérprete de sua vontade. Ele devia submeter-se ao controle e à crítica do profeta do Senhor. Quando o rei se negava a seguir essa voz profética, afastava-se do ideal proposto pelo Senhor e com isso era recusado.

21

Saul entre o governo tribal e monárquico: a busca de um projeto novo

Saul, correspondendo ao interesse principalmente das tribos mais prósperas, foi designado para realizar a tarefa de transição entre a vida tribal e a monarquia. A mudança não foi feita de uma vez, mas pouco a pouco. Nem podemos dizer que Saul tenha sido rei no sentido pleno da palavra. Ele foi muito mais um chefe de recrutamento tribal e um rei militar que manteve uma tropa defensiva. A única diferença entre o juiz como chefe tribal carismático[4] e Saul como rei é que este tinha poderes permanentes e o juiz, não. Percebemos, de fato, que Saul:

- não criou uma organização estatal;
- não constituiu propriamente uma corte;
- não considerou Gabaá como cidade régia;
- não construiu um palácio real, em Gabaá, no território de Benjamim;
- não teve funcionários estáveis que se considerassem autoridade central responsável durante sua jurisdição;

parece que não promoveu mudanças nas instituições do culto e na vida religiosa.

A monarquia de Saul não tinha nenhuma estrutura burocrática, mas estava apoiada apenas no consentimento de algumas tribos e totalmente dependente delas; nem assim alcançou bases sólidas para uma perfeita defesa dos territórios. O exército de Saul não tinha condições para fazer frente ao poder dos filisteus e foi vítima deles. Tanto para ele como para seus seguidores da terra de Israel central, a situação estava perdida. Tal situação é apresentada como um prenúncio do espírito de Samuel, no texto da visita de Saul à necromante (1Sm 28,7-25). O resultado é concorde com o prenúncio de Samuel sobre o fim de Saul e de seu reinado (1Sm 31,1-13). Esse texto é uma releitura posterior, na ótica da dinastia davídica no reino do Sul.

Saul, entre a fidelidade e a fraqueza: sofrimentos e dificuldades

Saul enfrentou vários problemas que nasceram de seus limites pessoais, de pessoas influentes e

---

[4] "Carismático" aqui significa "ter capacidade de liderança".

Mudança de regime político em Israel

da situação externa. Ele provavelmente teve dificuldade de adaptar a antiga organização tribal às novas circunstâncias do reino nascente. Foi criticado e depois abandonado por Samuel, que o havia ungido rei. Não podia mais contar com seu promotor e protetor, o homem de sua confiança. Gerou insatisfação no povo (1Sm 22,2) e perdeu o prestígio dentro de sua própria família e entre seus servidores mais próximos (1Sm 22, 7-8). Perdeu o apoio e a confiança de Davi que, de seu guerreiro, passou a ser seu concorrente (1Sm 18,5-8.11; 19,10). Manchou de sangue o já enfraquecido governo, eliminando sistematicamente os sacerdotes do Senhor no templo de Nob, cujo chefe havia tomado partido a favor de Davi (1Sm 22,6-23). Enfrentava ameaças constantes dos povos vizinhos, sobretudo dos amalecitas e dos filisteus (1Sm 15,1-9; 23,1-13). Saul encontrou dificuldades para se levantar com suas próprias forças.

Diversos textos revelam as tensões que agravaram a situação do rei. Alguns atos mereceram a desaprovação de Samuel. O primeiro foi o oferecimento de um sacrifício a Deus (1Sm 13,7b-14). Diante do atraso e da demora de Samuel, Saul se antecipou em oferecer o sacrifício porque estava com medo de ficar só e de ser abandonado por seus soldados. Se todos o abandonassem, o que ele faria sozinho? O jeito era oferecer o sacrifício, com a finalidade de assegurar a presença dos soldados para seguirem com ele para a guerra. O gesto foi interpretado como desobediência e falta de confiança no Senhor.

Saul é acusado de outras infidelidades, como a quebra do voto de jejum, ao comer a vítima com sangue (1Sm 14,24-34), e a desobediência ao Senhor, ao usufruir dos despojos de guerra (1Sm 15,10-30). Apresenta fortes problemas psíquicos, como depressão, mania de perseguição etc. (1Sm 16,14; 18,10-11). Daí por diante Saul cai em descrédito, e a figura de Davi começa a ser ressaltada (1Sm 18,6-9).

Considerações sobre a monarquia de Saul

A crítica que os textos bíblicos fazem à monarquia de Saul vai além de sua pessoa. Ele foi escolhido provavelmente por causa de suas campanhas militares (1Sm 11) e foi investido da realeza sobre um território restrito, entre as tribos do Norte (1Sm 10). Suas ligações com o Sul eram muito escassas. O reinado terminou tragicamente na batalha de Gelboé (1Sm 31,8-13). Ele esperava

23

Visão Global 5

conseguir o controle da planície de Jezrael, uma forma de obter fácil intercâmbio com as demais tribos e talvez a unificação territorial e política.

Desde o início, Saul enfrentou muitos problemas de ordem política externa, com os amonitas e os filisteus, e de ordem interna, com Samuel, o sacerdote de Nob e também com o jovem Davi. Não é fácil explicar, historicamente, as contradições existentes nas narrativas sobre a mudança de atitude na vida de Saul. Com muita frequência ele é visto como um "herói trágico, mau e rejeitado". Para muitos estudiosos, essa interpretação não tem fundamento histórico. Trata-se de uma tragédia literária. O que parece ser histórico é o fato de que Saul foi um comandante bem-sucedido contra os filisteus e os amonitas e teve um fim trágico no monte Gel-boé, em sua última batalha contra os filisteus (1Sm 31,1-13).

Território do "reino" de Saul

O território sobre o qual Saul reinou não foi um Estado com fronteiras sólidas e administração independente. Ao contrário, abrangeu a área que ocupavam as tribos da região Central e Norte de Canaã, excluindo as duas tribos do Sul, Judá e Simeão. Muitos pretendem estender o domínio do reino de Saul a todas as tribos, o que é considerado anacrônico (1Sm 15,17.26.30). Saul não reinou sobre as 12 tribos da extinta confederação das tribos de Israel. Há quem duvide até mesmo que seu reinado se estendesse sobre todas as tribos do Norte. É certo que abrangia uma parte de Galaad. Contudo, a realeza de Saul teve como característica a sua autoridade militar.[5]

---

[5] MONLOUBOU, L. & DU BUIT, F. M. Saul. In: *Dizionario biblico storico/critico*. Roma, Borla, 1987. pp. 904s. [Ed. brasileira: *Dicionário bíblico universal*, Aparecida/Petrópolis, Santuário/Vozes, 1997.]

Roteiro para o estudo do tema

1. Oração inicial
Conforme a criatividade do grupo.

2. Mutirão de memória
Compor a síntese do conteúdo já lido por todos no subsídio. Caso as pessoas não tenham o subsídio, ficará a cargo do(a) líder expor a síntese.

Recursos visuais
- Colocar no centro do grupo objetos de segurança: chave, cadeado, tranca, corrente, grade...

3. Partilha afetiva
Em grupos ou no plenário, dialogar:

- Do que estes objetos me fazem lembrar?
- Alguém que já tenha sofrido um assalto ou cuja casa tenha sido arrombada pode contar sua experiência.

4. Sintonia com a Bíblia
Ler 1Sm 4,1-11.

O texto revela a violência, o roubo e a agressão que havia entre os povos que circundavam Israel. Isso gerou a necessidade de um poder de defesa.

Diálogo de síntese
- A violência de hoje tem relação com o regime de governo?
- Para mudar, como poderia ser o governo do Brasil?

Lembrete: Para a próxima reunião, trazer um menino vestido de pastor, com um pano grande enrolado ao corpo e amarrado à cintura, um pano na cabeça, um cajado de madeira na mão, uma sacola de tecido com pedrinhas; se for possível, um pelego no ombro.

2º tema
Davi, de pequeno pastor a grande rei: c. 1010-970 a.E.C.

V amos conhecer as diferentes leituras da chegada de Davi à corte de Saul, sua vida e seu reinado, suas conquistas, a expansão de seu reino do Sul ao Norte de Israel, fraquezas humanas e retomada do projeto de Deus.

A história de Davi

A história de Davi é narrada no primeiro e no segundo livro de Samuel (1Sm 16,1-30,31; todo o 2Sm) e no primeiro livro dos Reis (1Rs 1–2). Para facilitar a compreensão da história de Davi, vamos classificar as narrativas em três grandes blocos: a história da ascensão de Davi ao trono; as conquistas de Davi e sua aclamação e coroação em Judá e Israel; e a história da sucessão ao trono de Davi.

A "história"[1] da ascensão de Davi ao trono: 1Sm 16; 2Sm 4,12

A história de Davi já começa com as narrativas de sua escolha e unção como rei mesmo antes da morte de Saul. Na tradição da monarquia em Israel, como vimos anteriormente, duas prerrogativas eram necessárias para alguém ser rei: a escolha por parte de Deus e a aclamação do povo. A primeira narrativa sobre a escolha de Davi por Deus encontra-se em 1Sm 16,1-13.

Davi era filho de Jessé, natural de Belém, da tribo de Judá. Era o menor de oito irmãos (1Sm 16,10-11). De origem humilde, era pastor dos rebanhos de seu pai. Deus enviou Samuel à casa de Jessé, em Belém, "porque escolheu um rei entre seus filhos" (1Sm 16,1). Depois que todos os filhos de Jessé passaram diante de Samuel, Deus lhe indicou quem ele devia ungir: "Levanta-te e unge-o: é ele!", Davi (1Sm 16,12; 2Sm 2,4; 5,3).

Davi foi aclamado inicialmente pelas tribos do Sul, em Hebron (2Sm 2). Somente sete anos depois foi reconhecido como rei pelas tribos do Norte (2Sm 5). Mas da unção de Davi em sua casa até seu reconhecimento como rei passaram-se muitos anos. Como esse jovem pastor foi parar na corte de Saul?

---

[1] Trata-se de uma releitura, com interesses teológicos.

Davi, de pequeno pastor a grande rei: c. 1010-970 a.E.C.

As narrativas bíblicas trazem três versões diferentes sobre a presença de Davi na corte de Saul. A primeira fala que ele foi convidado para tocar lira. Saul pediu a Jessé que deixasse o jovem permanecer na corte para que, ao tocar lira, amenizasse sua depressão. Davi se tornou, então, escudeiro do rei (1Sm 16,14-23). Nessa função ele acompanhou o rei na guerra contra os filisteus e teve grande sucesso (1Sm 17,1-11).

A segunda narrativa (1Sm 17, 12-54) conta a história da chegada de Davi ao campo de batalha onde Golias, o filisteu, estava desafiando Israel. Davi tentou entrar na batalha por intermédio de seus irmãos, que serviam o exército de Saul, mas nada conseguiu. Alguém viu Davi insistindo em combater Golias e se fez porta-voz de seu pedido ao rei. Saul o chamou (1Sm 17,31). Davi foi aceito, combateu Golias e o venceu. Essa narrativa ignora o pedido de Saul ao pai de Davi, e afirma que este se apresenta a Saul e lhe pede que lute contra Golias, o guerreiro filisteu. E Saul consente nisso.

Mais adiante, no mesmo capítulo, encontra-se a terceira narrativa (1Sm 17,55–18,5). Depois da vitória do pequeno Davi sobre o gigante Golias, Saul pergunta a Abner, chefe de seu exército: "De quem aquele jovem é filho?". Saul não obteve informações do general. Então mandou chamar de novo o herói e o tomou a seu serviço. Davi começou a se projetar e ter sucesso nos empreendimentos; com isso fez sombras ao rei. Saul, então, passou a perseguir Davi, pois sua estima por este se transformou em ódio (1Sm 18,6-16). Mas Davi conseguiu escapar da morte com a ajuda de seu amigo Jônatas, filho de Saul (1Sm 20).

Os textos revelam o pensamento dos autores

É claro que os autores dos textos demonstram uma gradativa preferência por Davi. Eles o apresentam de forma muito simpática, embora não escondam suas fraquezas e pecados. Cheio de bondade, de coragem nas conquistas militares, dotado de qualidades humanas, artísticas e de liderança, bem-sucedido, chega a se casar com Micol, filha de Saul (1Sm 22–30). Este, ao contrário, é apresentado como alguém incapaz no plano político (1Sm 31), indigno no plano religioso (1Sm 15,10-31) e desequilibrado no plano psíquico (1Sm 19,8-24), perdendo gradativamente seu prestígio inicial. O autor tinha a preocupação de ressaltar a aliança de Deus com o povo de Israel, o povo escolhido e portador das promessas e do futuro Messias que viria por meio da dinastia de Davi, e não de Saul. Por isso, devemos ler esses

29

Visão Global 5

textos com cuidado, para não cair na ingenuidade de pensar que tudo foi tão "limpo" para Davi como aparece numa leitura mais superficial.

As conquistas de Davi e sua aclamação e coroação em Judá e Israel: 2Sm 5–8

Pouco a pouco Davi foi conquistando seu espaço e se impôs primeiro sobre as tribos do Sul, depois sobre as tribos do Norte. Ele havia conduzido uma política pessoal, ainda antes da morte de Saul. Graças a sua habilidade, soube ganhar a simpatia dos diferentes clãs estabelecidos no Sul (1Sm 27,10-12; 30,26-31). Não participou da batalha de Gelboé, que levou Saul à morte, mas foi a Hebron, onde foi reconhecido como rei (2Sm 2,1-4). Após a morte de Abner, general do exército de Saul (2Sm 3,22-39), e de Isbaal, filho de Saul (2Sm 4,1-12), os anciãos de Israel reconheceram Davi como rei. Davi conseguiu reunir a realeza sobre Judá e Israel.

Contexto histórico que precede a ascensão de Davi ao trono do Reino do Norte

Isbaal, filho de Saul, foi proclamado rei pelo general Abner sobre Galaad, Jezrael, Efraim, Benjamim e outras regiões menores (2Sm 2,9-11), enquanto as tribos Judá e Simeão, ao Sul, já se encontravam sob o governo de Davi.

Isbaal ordenou a Abner que marchasse com seus adeptos para a Cisjordânia, convocasse a escolta pessoal dele e se confrontasse com os mercenários de Davi, chefiados por Joab (2Sm 2,12–3,1) no território de Benjamim. Davi conseguiu negociar com Abner; este passou a estimular os israelitas do antigo reino de Saul a se aliarem a Davi, de tal forma que este, já como "rei" de Judá, com residência em Hebron, preparava o caminho para governar também Israel. Não conhecemos explicitamente a resposta de Davi a Abner, mas o texto de 2Sm 3,21 fala que "Davi despediu Abner, e ele foi em paz".

O problema não estava entre Davi e Abner, mas entre Abner e Joab. Abner, general do exército de Saul, na batalha de Gabaon havia matado Asael, irmão de Joab (2Sm 2, 22-23). Este vingou a morte do irmão matando Abner (2Sm 3,27).[2] Davi ficou em situação difícil. Ordenou que houvesse enterro solene de Abner e ele mesmo seguiu o funeral e lamentou a morte do general (2Sm 3,38).

---

[2] O texto bíblico apresenta o conflito em chave familiar. Tudo indica que a questão era mais complexa e implicava problemas de ordem sociopolítica e econômica.

A morte de Abner causou um forte impacto sobre Isbaal e os israelitas (2Sm 4,1). Dois mercenários dos seguidores de Saul mataram Isbaal e levaram sua cabeça a Hebron, esperando obter uma recompensa de Davi, mas foram ao encontro da morte (2Sm 4,5-12), pois o rei os puniu em razão desse ato.

Davi já se havia projetado em Judá. Precisava conquistar a confiança das tribos do Norte a todo custo, para não frustrar seus planos e suas intenções. Os israelitas, por sua vez, sem seu rei Isbaal, sem Abner, chefe do exército, e sob a ameaça constante dos filisteus, aderiram a Davi, considerado o mais forte do país (2Sm 5,1-3).

A união pessoal de Davi com Judá e Israel

Davi se tornou rei de Judá e Israel. Sua posição, porém, não trouxe mudanças estruturais. Tudo continuou como antes, embora o chefe dos dois grupos fosse o mesmo. Era a união pessoal de Davi com a casa de Judá e com a casa de Israel, sem englobar ambas em um único nome, o reino de Israel. A união pessoal é uma forma de governo pela qual as duas "nações" – Judá e Israel – são política e administrativamente independentes, mas com o mesmo soberano. É uma forma de governo conhecida: até o século passado, em 1939, a Islândia e a Dinamarca tinham essa forma de governo. Cada nação tinha seu poder judiciário, executivo e legislativo, mas as duas tinham o mesmo soberano, o da Dinamarca. O mesmo aconteceu entre Portugal e Espanha de 1580 a 1640 E.C.

A ampliação do poder de Davi sobre as tribos do Norte foi o resultado dessa união pessoal. O que significa isso concretamente? Para Judá e Israel significava manter a personalidade política, conservando também a consciência individual. As tribos do Sul e do Norte não fizeram outra coisa senão submeter-se ao poder supremo de Davi. Não significava ainda um Estado totalmente unitário. Até então predominava uma estrutura tribal. A monarquia estava apenas numa fase inicial e embrionária como nova forma de organização e governo.

A união pessoal que Davi criou entre as tribos do Norte e do Sul nunca foi suficientemente valorizada em seu significado e em sua problemática pelas próprias tribos, porque existia entre elas a convicção de que Judá sempre tivesse pertencido a Israel e vice-versa. Mas foi necessária uma aliança de Abner com Davi (2Sm 3,12-21) como ponto de partida, para que este fosse aceito

Visão Global 5

como soberano não só sobre Israel como também sobre Judá.

As estratégias políticas de Davi

Davi não foi um chefe ocasional como os juízes, mas desde o início foi guerreiro, apoiado em sua tropa e em seus êxitos, independentemente do controle tribal e do recrutamento militar. A monarquia de Davi tinha em Judá uma base firme e prometia duração. Há indícios de que Davi buscava ampliar suas metas políticas. Apenas foi ungido em Hebron, buscou contatos com os povos vizinhos (2Sm 2,1-7). Não era uma relação de guerra, mas de simpatia. Tinha recursos e poder, que faltavam a Saul. Possuía sua tropa de mercenários (1Sm 22,1-2) e tinha autoridade plena sobre Judá (2Sm 2,4). Conquistou a cidade de Jerusalém e nela estabeleceu sua residência. Ele não precisou do exército de Judá nem do de Israel; usou apenas seus mercenários para conquistá-la e ocupou a fortaleza de Sião, onde morou (2Sm 5,9). Por um lado, isso favoreceu sua neutralidade e independência; por outro, excluiu toda possibilidade de reivindicações e prerrogativas de uma e outra corrente de seu reino.

A conquista de Jerusalém foi um ato estratégico, por ser fronteira entre as tribos do Norte e do Sul, e estar relativamente isolada no alto de uma montanha, longe da encruzilhada de importantes vias de comunicação e separada geograficamente da zona principal da tribo de Judá. Deve seu auge somente à iniciativa de Davi. Ele conseguiu realizar aquilo que Saul não conseguira: passar de Estado nacional/tribal para Estado territorial, com fronteiras mais ou menos estáveis e congregando as tribos debaixo do poder governamental do rei.

A população cananeia e filisteia da área rural situada nos territórios das tribos do Sul e do Norte aderiu ao domínio de Davi e era tratada com direitos quase iguais aos das tribos. A unificação estatal foi um processo lento e progressivo até chegar à maturidade e autonomia política, com seus elementos etnicamente diversos. Ao conquistar Jerusalém,[3] Davi a transformou em capital de seu reino. Comprou a colina oriental, dando-lhe o nome de Cidade de Davi,[4] onde

---

[3] A cidade de Jerusalém já é conhecida nos escritos egípcios desde o segundo milênio a.E.C. com o nome Urushalim, na forma semita. Salém era o seu nome no tempo de Abraão (Gn 14,18; Js 10,1). Em Jz 19,10 aparece como Jebus, no tempo da ocupação dos jebuseus, mas não entrou em uso nos escritos bíblicos. As duas formas mais usadas na Bíblia são: YeRuSHaLaiM no hebraico e YeRuSHaLeM no aramaico. Elas correspondem ao seu nome primitivo: Urushalim. Cf. GARAFALO, S. Gerusalemme/Sion. In: *Nuovo dizionario di teologia biblica*. Torino, Paoline, 1988. pp. 582-595.

[4] Também conhecida como colina de Ofel ou monte Sião, situado entre os vales do Tiropeon e do Cedron. Cf. nota x a 2Sm 5,9 da Bíblia de Jerusalém.

32

mandou construir um altar (2Sm 24,18-19); mais tarde, Salomão mandou construir o Templo (1Rs 6) e, anexo a este na parte sul, seu palácio (1Rs 7). A escolha de Jerusalém e a compra da colina de Sião foram um ato estratégico, pois vincularam as tribos do Norte à nova sede da arca, dando à cidade uma especial dignidade no aspecto religioso. Jerusalém se tornou, a partir de então, o centro político, religioso e cultural do reino unido. Davi enfrentou muitos conflitos com os reinos vizinhos para manter essa unidade.

A expansão territorial no tempo de Davi

No tempo de Davi, o reino unido chegou a sua máxima expansão territorial. Compreendia a área ocupada pelas duas tribos do Sul e pelas dez tribos da região Central e do Norte. Seus habitantes eram essencialmente israelitas. O segundo contingente populacional submetido ao governo de Davi era constituído pelos reinos conquistados, que lhe pagavam tributo: Edom, Moab, Amon, Aram de Damasco e Aram-Soba. Em Edom e Aram de Damasco foram colocados governadores israelitas que se tornaram súditos de Davi e lhe pagaram tributos (2Sm 8,1-14; 10,18-19),

enquanto os demais continuaram com as lideranças locais, mas sob o controle da Corte de Israel. O terceiro e último contingente populacional submetido à soberania de Davi era constituído pelos reinos vassalos da Filisteia (1Cr 20,4), Gessur (2Sm 3,3; 13,37), Emat da Síria (2Sm 8,9-10) e Tiro, governado por Hiram (2Sm 5,11). Tratava-se de um domínio complexo, do ponto de vista administrativo, militar e político, mas habilmente conduzido durante o governo do rei Davi (cf. mapa n. 19).[5]

O Estado de Davi: o poder comunitário se torna centralizado

A formação de um grande Estado davídico é mérito pessoal de Davi, de sua habilidade política e destreza militar. Algumas causas favoreceram o crescimento da autonomia do reino. O Egito já havia perdido a hegemonia e influência sobre Canaã. As ameaças dos filisteus, amonitas, moabitas, edomitas e arameus da Síria foram amenizadas por Davi, por sua capacidade diplomática e pelo apoio interno que encontrou em Judá e Israel. Unindo as forças, constituiu um exército profissional permanente. Construiu sua residên-

---

5 AHARONI, Y. & AVI-YONAH, M. *Atlante della Bibbia*. Piemme, Casale Monferrato, 1987. p. 72.

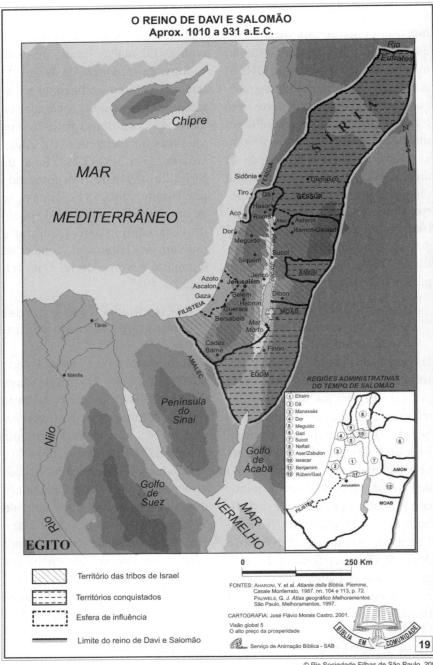

cia e organizou um Estado burocrático e autônomo.

No segundo livro de Samuel (2Sm 8,16-18; 20,23-25), encontramos uma lista de cargos distribuídos por Davi a seus funcionários: cargos militares que estão diretamente sob as ordens do rei. As duas listas mencionam Joab como comandante do exército e Banaías como comandante dos mercenários. Outros cargos importantes, como arauto, sacerdote e secretário, eram conhecidos em sua organização. Esses cargos não têm nada a ver com a estrutura tribal.

Independentemente das tribos, mas em seu território, Davi organizou um governo estatal, entre os Estados de Judá e Israel, um centro administrativo, uma central de poder que leva em si mesma sua própria lei.

As tribos o permitem, mas perdem a influência sobre essa nova evolução. Retiram-se como portadoras de uma formação política que, de ora em diante, é transferida totalmente para o rei e para seus funcionários. A monarquia de Davi, desde o começo, foi diferente da monarquia de Saul. Este havia surgido da tradição dos chefes carismáticos; foi um rei militar sobre algumas tribos do Norte, mas sem apoio seguro e permanente de todas as tribos, sem ampla residência e sem um corpo

ativo de funcionários, como ocorreu no reinado de Davi.

A idolatria e a presença profética de Gad e Natã

Com Davi se iniciou o chamado "sincretismo do Estado", que visava unificar também no plano religioso os vários povos estabelecidos no Estado. Davi quis construir um templo para o Senhor (2Sm 7,1-3). Natã aprovou a inspiração do rei, mas, em seguida, o desaconselhou. O discurso girava em torno da "casa de Davi" como estabilidade de sua descendência, e não do templo.

No discurso de Natã apareceram alguns elementos do culto cananeu que foram incorporados na religião de Israel por meio do culto do Estado: a ideologia régia; a promessa da dinastia eterna (2Sm 7,15); a pessoa do rei adotada pela divindade (Sl 45,7; 1Rs 21,11-14); a pena de morte a quem blasfema contra Deus e contra o rei (Is 8,21); a vida eterna concedida ao rei (Sl 21,5); a supremacia do rei sobre todos os seres (2Sm 23,1); as funções de proteção e promoção social (2Sm 21,17; Lm 4,20); sua relação com a fecundidade da terra (Sl 72,6-7.16); suas funções sacerdotais (como veremos adiante, Salomão, ao inaugurar o templo, faz oração pelo povo e oferece sacrifícios).

Davi é duramente criticado por causa do recenseamento promovido durante seu reinado (2Sm 24,1). Na mentalidade religiosa do antigo Israel, tudo era referido a Deus como causa primeira. Fazer o levantamento dos que viviam ou tinham morrido era um direito reservado a Deus (Ex 32,32-33; 30,12). Só ele tinha essa prerrogativa. Implicitamente, porém, havia o interesse de atualizar a arrecadação de impostos, reforçando a exploração do rei sobre o povo, e avaliar a possibilidade de recrutamento para o exército. Daí a recriminação do profeta. Por isso, Davi reconhece sua ordem como um grande pecado (2Sm 24,10) e pede perdão a Deus.

O profeta Natã repreende Davi por dois outros pecados: ter cometido adultério com Betsabeia e mandado matar Urias, marido dela (2Sm 12,1-25). Ao assumir esse comportamento, Davi se arvorou dono da vida e da morte. E esse direito só pertence a Deus. Diante de uma parábola que o profeta dirige ao rei, este fica indignado, não se reconhecendo. Quando Natã aponta o pecado do rei, Davi se arrepende e o profeta relê como castigo de Deus as desgraças que cairão sobre a casa real (2Sm 12,10).

Sucessão ao trono de Davi: tensões internas (2Sm 9–20; 1Rs 1–2)

Já idoso, Davi começou a enfrentar problemas por causa da sucessão ao trono. Absalão, seu filho mais velho, é o primeiro a preparar o terreno para aplicar um golpe de Estado (2Sm 15,1-6). Ele conduziu o reino de Davi a uma verdadeira crise. Davi e toda a corte tiveram de se retirar da capital, Jerusalém, na qual restou apenas o harém[6] (2Sm 15,13-23). Absalão chegou a se proclamar rei de Israel em Hebron[7] (2Sm 15,7-12). Porém, a milícia de Davi conseguiu pôr em fuga os rebeldes, e Absalão acabou sendo morto (2Sm 18,1-32).

A segunda rebelião, chefiada por Seba, foi provocada pela tribo de Benjamim (2Sm 20,1), à qual pertencia a família de Saul. Não aparenta ser uma revanche da família de Saul contra Davi, mas parece retratar uma inimizade entre Israel e Judá (2Sm 20,2). A rebelião foi dominada pela milícia de Davi. Seba foi morto numa cidade próxima de Dã, onde havia se refugiado (2Sm 20,21-22).

---

[6] Parte do palácio ocupado pelas concubinas do rei.

[7] Talvez não abrangesse todo o Israel, mas apenas a região de Judá.

As circunstâncias históricas que envolveram a sucessão dinástica hereditária na casa de Davi não se deram espontaneamente. A história da sucessão ao trono de Davi é de muita disputa entre os filhos do rei: Absalão, como vimos antes, Adonias (1Rs 1,5-7.9-10) e Salomão (1Rs 1,28-34). Além dos filhos, outros pretendentes e partidos se formaram na fase final da vida de Davi, como: Joab, chefe do exército, Abiatar e Sadoc, sacerdotes, e Benaías, chefe dos mercenários. A história da sucessão é rodeada de intrigas até a chegada de Salomão ao poder, pela sugestão do profeta Natã e insistência de Betsabeia, junto a Davi (1Rs 1,11-40).

Roteiro para o estudo do tema

1. Oração inicial
Conforme a criatividade do grupo.

2. Mutirão da memória
Compor a síntese do conteúdo já lido por todos no subsídio. Caso as pessoas não tenham o subsídio, ficará a cargo do(a) líder expor a síntese.

Recurso visual
- Mapa "O Reino de Davi e Salomão" (p. 34).
- Incentivar as pessoas a colorir em casa os mapas do subsídio.

3. Partilha afetiva
Em plenário: entra o menino vestido de pastor. Senta-se no chão, espalha as pedrinhas e começa a classificá-las, contá-las e devolvê-las à sacola.

Conversar: Na infância, o grande rei Davi foi pastorzinho.

- Quais são os sonhos que temos para nossos filhos?
- Quais são os sonhos de nossos filhos?
- O poder de uma pessoa pode fazer muito bem, mas também pode se desviar da busca do bem de todos. Conhecemos pessoas assim?

4. Sintonia com a Bíblia
Ler 1Sm 16,1-12.

O pastorzinho escolhido é o menor entre os irmãos.

Diálogo de síntese
- Hoje, em nossas comunidades, o que significa ser escolhido por Deus?
- Que tipo de poder têm hoje as lideranças comunitárias?

3º tema
Grandezas e sombras do reino de Salomão: 970-931 a.E.C.

Depois de muitas disputas entre os pretendentes ao trono de Davi, Salomão chega ao poder. As narrativas sobre seu reinado ressaltam sua sabedoria e seu espírito empreendedor em diversos campos: religioso, comercial e cultural. Mas é preciso estar atento e ler nas entrelinhas os textos que a ele se referem, para descobrir esperteza e muita opressão em seus empreendimentos.

Salomão: filho de Davi com Betsabeia

Os textos que falam especificamente sobre o reinado de Salomão encontram-se em 1Rs 3–11. O nome "Salomão" foi dado por Davi, seu pai (2Sm 12,24), e o nome "Jededias" (amado do Senhor) foi dado pelo profeta Natã, "segundo a palavra de Iahweh" (2Sm 12,25). Seu nascimento era interpretado como a certeza do perdão de Deus, pois havia morrido o primeiro filho do adultério de Davi com Betsabeia. O nome "Salomão" vem da palavra Shalom, que em hebraico significa "paz, plenitude, prosperidade, perfeição" e é usada como fórmula de saudação. Davi deu esse nome a seu filho talvez porque se sentisse em paz com Deus.

As narrativas sobre Salomão têm início com os conflitos da sucessão (1Rs 1–2), seguem apresentando-o como rei sábio (1Rs 3–5,14), como construtor (1Rs 5,15–9,25), como comerciante (1Rs 9,26–10,29) e terminam evidenciando as sombras de seu reinado (1Rs 11,1-43).

Os conflitos da ascensão de Salomão: 1Rs 1–2

As narrativas bíblicas sobre a ascensão de Salomão ao trono não falam que este tenha sido escolhido por Deus como sucessor de Davi. Ainda antes de ter a aprovação de Davi, houve a mediação do profeta Natã e de Betsabeia (1Rs 1,11ss). Mas ele é indicado e aprovado pela vontade expressa de Davi (1Rs 1,32-40) e aclamado pelo povo (1Rs 1,39). Os versículos que seguem revelam que sua ascensão ao trono resultou de um contragolpe, no qual os adversários são pegos de surpresa (1Rs 1,41-53).

A justificativa religiosa do governo de Salomão é apresentada no texto que fala de uma peregrinação

Grandezas e sombras do reino de Salomão: 970-931 a.E.C.

que ele fez ao "lugar alto" mais importante de Gabaon, onde o Senhor lhe aparece em sonhos durante a noite. Nessa experiência, Salomão lhe dirige uma prece, pedindo a graça para governar o povo com sabedoria (1Rs 3,4-15). Segundo os livros das Crônicas, o "lugar alto" onde acontece esse encontro com Deus parece ser um antigo santuário israelita (1Cr 21,29; 2Cr 1,3-5).

Salomão, rei sábio: 1Rs 3,1–5,14

Salomão é conhecido por muitos como rei sábio. As narrativas enaltecem sua sabedoria prática (1Rs 5,9-14), que está ligada à habilidade política e comercial, e não ao fato de ele ter escrito obras de sabedoria. Alguns livros bíblicos são atribuídos a ele — como Provérbios (Pr 1,1), Sabedoria (Sb 9,7-8.12), Cântico dos Cânticos (Ct 1,1) e Salmos (Sl 72; 127) — para dar autoridade e valor ao escrito. A atribuição de um texto a alguém é frequente no mundo bíblico. Por isso, muitos escritos sapienciais são atribuídos a Salomão, mas não são de sua autoria. Esse modo de proceder recebe o nome de "pseudonímia". Na corte havia escribas que registravam os anais da casa de Salomão. Talvez por essa razão diversos livros tenham sido atribuídos a ele.

Salomão, rei construtor: 1Rs 5,15–9,25

Uma das maiores obras de Salomão foi a construção do Templo de Jerusalém. Sua descrição é pormenorizada desde os preparativos (1Rs 5,15-32) da construção e ornamentação (1Rs 6). No Templo ele introduziu a Arca da Aliança (1Rs 8,1-13); abençoou a assembleia de Israel (1Rs 8,14); fez suas orações (1Rs 8,15-52); abençoou novamente a assembleia (1Rs 8,54-61); e ofereceu sacrifícios com todo o povo, exercendo as funções sacerdotais (1Rs 8,62-66).

Salomão desenvolveu e estimulou uma tradição cultual no santuário estatal, embora não fosse uma tradição "judaica" ou "israelita". Provavelmente, ela sofreu influências do Egito e de outros países. Tudo indica que, de fato, o Templo de Jerusalém era um santuário estatal, no qual os sacerdotes eram também funcionários do rei (cf. croqui n. 20).

O Templo de Jerusalém era uma empresa régia, o lugar da representação do rei e de Deus, venerado por ele, mas eram os santuários menores que davam plena garantia de fidelidade às tradições religiosas de Israel. Na verdade, não se conheceria o rumo da religião em Israel se as tribos, em seus santuários, não

41

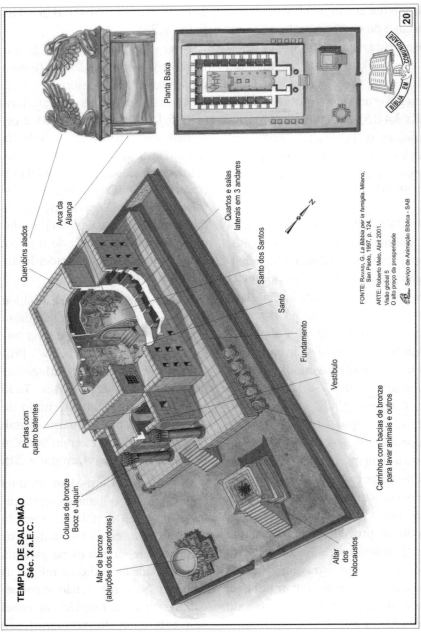

Grandezas e sombras do reino de Salomão: 970-931 a.E.C.

tivessem zelado, desde o início, pela conservação das tradições da fé no Deus de Israel com ininterrupta continuidade e originalidade. Essas tradições se ampliaram para todos os israelitas, com uma certa tensão com o Estado. Resultaram daí duas tradições que foram concluídas no período do exílio e do pós-exílio: a tradição deuteronomista e a sacerdotal, que contribuíram com muitos escritos para o Primeiro Testamento.

Salomão mandou construir seu palácio (1Rs 7,1-51), igualmente descrito em seus mínimos detalhes: origem, mobília e natureza do material de construção, equipe de trabalho etc. 1Rs 9,15-24 fala de outras construções, como o aterro chamado Melo, onde se encontravam o palácio e o templo, o muro de Jerusalém, a fortificação das cidades de Hasor, Meguido e outras.

As notícias sobre o recrutamento para o trabalho são contraditórias. Segundo 1Rs 5,27 todo o Israel[1] era recrutado como mão de obra escrava. Mais adiante, 1Rs 9,20-22 diz que a mão de obra era recrutada entre a população não israelita das cidades-estados de Canaã. A primeira, porém, é a mais verossí-

mil, porque será uma das causas da ruptura posterior entre Israel e Judá (1Rs 12,3-4.14-16). Salomão criou 12 distritos administrativos para sustentar a corte durante os 12 meses do ano (1Rs 4,7-9).[2]

Salomão, rei comerciante: 1Rs 9,26–10,29

Salomão não foi tão hábil e político quanto Davi. Caracterizou-se mais pelas relações diplomáticas que fomentou com os países vizinhos mediante o comércio (1Rs 10, 28-29), pelo casamento com mulheres estrangeiras de Moab, Amon, Edom, Sidônia, Hatu (1Rs 11,1) e com a filha do faraó do Egito, tida como esposa legítima, a qual é mencionada cinco vezes (1Rs 3,1; 7,8; 9,16.24; 11,1). O casamento com mulheres estrangeiras era uma das formas de manter a boa vizinhança com os países próximos. Essa tese encontra confirmação nos textos bíblicos que falam das guerras empreendidas por Davi contra os amonitas, edomitas e outros povos, mas não no tempo de Salomão (2Sm 2,12–11,27). Nem mesmo emergem os conflitos que antes envolviam a autoridade do rei sobre Judá e Israel. Essas questões estão apaziguadas.

---

[1] Mesmo quando o texto se refere a todo o Israel, quer aludir apenas às tribos do Norte.

[2] Cf. mapa n. 19 "O Reino de Davi e Salomão" com as regiões administrativas do tempo de Salomão, neste livro.

43

Extensão territorial no tempo de Salomão

Salomão não conservou o território que herdou do pai, nem mesmo empreendeu campanhas para expandi-lo. Quando casou com a filha do faraó do Egito, deu em troca a cidade de Gazer (1Rs 9,16). Cedeu a Hiram, rei de Tiro, 20 cidades na Galileia (1Rs 9,11-14), em troca de material de construção e mão de obra especializada. Perdeu a parte oriental da Síria, que havia pertencido ao reino de Davi, e parte de Edom. Não se mostrou um general ativo, embora tivesse organizado um corpo de carros de combate bem instruído e especializado (1Rs 10,26-29).

Sombras do reinado de Salomão: 1Rs 11,1-43

Entre as sombras do reinado de Salomão aparece o número muito elevado de mulheres com as quais se casou. Isso indica as muitas alianças que fez com os países vizinhos, como forma de manter boas relações (1Rs 11,1). Segundo o texto, elas desviaram do Senhor o coração do rei, introduzindo seus deuses e suas crenças em Israel (1Rs 11,4s). O Deuteronômio faz uma crítica e uma recomendação ao rei Salomão: critica seus casamentos e o luxo que ostenta; recomenda que carregue consigo uma cópia do livro da Lei e coloque em prática seus estatutos e normas (Dt 17,16-20).

Salomão começou a perder prestígio e empenhar cidades para pagar as dívidas externas. Enfrentou a rebelião de Edom (1Rs 11,14-22), a da Síria (1Rs 11,23-25) e a do Norte, conduzida por Jeroboão (1Rs 11,26-40), o qual havia sido encarregado de supervisionar a contribuição da casa de José para os trabalhos empreendidos pelo rei. Essa situação parece revelar a existência de uma crise social, devida a uma imposição muito pesada às tribos do Norte.

Além dos territórios, Salomão perdeu também a simpatia do povo por causa dos elevados impostos (1Rs 5,1-8). Subdividiu as tribos do Norte em 12 regiões administrativas (1Rs 4,7-19) e estabeleceu que cada distrito devia pagar durante um mês do ano as despesas do rei e de sua casa, visando com isso debilitar o antigo sistema tribal (1Rs 5,1-8). Os tributos eram obtidos mediante o trabalho obrigatório do indivíduo e da comunidade (1Rs 5,27s; 2Cr 2,16-17).

Tudo isso só podia eclodir na divisão do reino, após a morte de Salomão. Depois da ruptura do governo, veio a ruptura cultural e religiosa. Jeroboão restaurou o culto no santuário de Betel, para fazer

Grandezas e sombras do reino de Salomão: 970-931 a.E.C.

frente ao Templo de Jerusalém (1Rs 12,26-33).

O alto preço da prosperidade

O reinado de Salomão foi marcado por uma relativa paz com os países vizinhos e por obras faraônicas, como o Templo de Jerusalém e o palácio. Nesse período, Israel se tornou conhecido como potência internacional, que encantou até a rainha de Sabá, na Arábia (1Rs 10). Desenvolveu o comércio internacional, que se tornou fonte de riqueza para o reino.

Com o comércio exterior entraram também os cultos idolátricos (1Rs 11,7) que desviaram o povo do Deus verdadeiro. Apesar de toda a prosperidade do reino de Salomão, o povo sentia-se oprimido, como se tivesse voltado à experiência de outrora, no Egito: trabalhos forçados, idolatria, perseguição política, miséria, opressão por meio de impostos e tributos, fatos que confirmavam as previsões de 1Sm 8: o rei e a corte oprimiam o povo como o faraó havia oprimido os antepassados no Egito. O rei passou a simbolizar a negação do projeto fraterno e solidário do Senhor. O povo, apoiado pelo profeta Aías, de Silo, revoltou-se contra a situação de exploração (1Rs 11,26–12,19).

A monarquia cresceu à custa da exploração do povo

As preocupações dos três primeiros reis de Israel, progressivamente, foram: a criação de um exército permanente que pudesse defender a produção, o povo e a extensão territorial; o estabelecimento de uma capital em que estivessem sediados os centros de poder militar, político, administrativo e religioso; a construção do palácio que pudesse abrigar a família real e a corte; por fim, a construção de um santuário estatal para homenagear a divindade protetora do reino.

Tais objetivos exigiam a seleção de uma elite que ajudasse o rei a levar adiante os projetos de seu governo. O funcionamento dessa máquina do Estado exigia muito dinheiro, que era recolhido mediante impostos, tributos, taxas, guerras e saque. Eram diversas as formas de explorar o povo, as quais foram mais fortemente aplicadas e sentidas no reinado de Salomão.

O reinado de Salomão pode, de modo resumido, ser retratado pelas seguintes características: uso do trabalho forçado, semelhante ao do tempo da escravidão no Egito, ou pior do que este (1Rs 5,27-32; 12,4); gosto pelo luxo e pela riqueza, ao

45

Visão Global 5

estilo dos faraós (1Rs 5,2-3; 7,1-8; 10,14-23); união com princesas e concubinas estrangeiras que "desviaram seu coração para outros deuses" (1Rs 11,1-8); concentração de riquezas na mão do rei, considerado o grande detentor do monopólio estatal (1Rs 9,26-28), tudo isso realizado com a aparente bênção do Senhor, que "habitava" o Templo construído pelo próprio Salomão (1Rs 8,1-13; 6–7).

E o povo? Continuava clamando a Deus, como no tempo da escravidão do Egito. Era preciso abafar o grito que subia da periferia das grandes cidades e do campo. O rei morava na cidade protegida por muros, distante dos campos e das aldeias onde o povo trabalhava e morava. O clamor popular não chegava até o palácio do rei, situação semelhante àquela denunciada por Amós, dois séculos depois (Am 6,6).

As elites, sustentadas pela monarquia, iam introduzindo na cultura de sua época conteúdos ideológicos que ajudavam a oprimir o povo ainda mais, e que persistiriam ao longo dos séculos. Esses conteúdos vão aparecer em textos de literatura sapiencial, tanto em coletâneas mais antigas como em elaborações mais recentes. Assim, a pobreza era apresentada como fruto da preguiça e como maldição, e a riqueza era vista como bênção de Deus pela prática do bem (Pr 10,4.15; 13,18 – coletânea antiga). As pessoas empobrecidas pela opressão dos reis e pelas injustiças sociais eram vistas como seres inferiores, culpadas pela própria situação, preguiçosas e incapazes. O povo não tinha voz nem vez; ficava calado diante da situação (Ecl 9, 13-16 – coletânea antiga; Eclo 13,3-4). Essa discriminação social, depois de assumida pela cultura do povo, passa também a ser discriminação religiosa e teológica, em forma de "teologia da retribuição": a riqueza é bênção de Deus; a pobreza, maldição e castigo. Jó (século V a.E.C.) apresenta essa teologia e, com grande perspicácia, a desmistifica.

Com a monarquia, pouco a pouco o clamor do pobre deixou de incomodar. Seu maior roubo foi tirar a sensibilidade das pessoas. Essa injustiça continua sendo praticada até hoje.

Embora encontremos algumas passagens contra a monarquia, a maior parte das fontes bíblicas relativas a esse período lhe são favoráveis, tanto as originais, que

46

nasceram durante o período, como as da Tradição Javista e as da Tradição Deuteronomista, posteriores, que fazem a sua releitura.

Contemporâneas à monarquia unida de Israel encontramos algumas manifestações proféticas com características próprias e limitadas.

Roteiro para o estudo do tema

1. Oração inicial
Conforme a criatividade do grupo.

2. Mutirão da memória
Compor a síntese do conteúdo já lido por todos no subsídio. Caso as pessoas não tenham o subsídio, ficará a cargo do(a) líder expor a síntese.

Recursos visuais
- Capa do livro: O alto preço da prosperidade.
- Mapa "O Reino de Davi e Salomão" (p. 34).

3. Partilha afetiva
Em grupos ou no plenário, dialogar sobre um sonho do rei Salomão (por exemplo: construir o templo, ampliar o reino, casar com a filha do faraó, construir um palácio...) e um sonho que temos em nossa vida.

- Esse sonho que temos tem alguma semelhança com os desejos do rei Salomão?
- Quem se beneficiará se nosso sonho se realizar?

4. Sintonia com a Bíblia
Ler 1Rs 9,15-23.

Salomão construiu seus sonhos escravizando o povo.

Diálogo de síntese
- Em que os sonhos de grandeza dos políticos, hoje, escravizam o povo?
- Nossos sonhos pessoais também podem ser escravizadores?

4º tema
Profetas e primeiros textos bíblicos:
Deus escreve nas linhas da história

Ação dos profetas é muito persistente e corajosa para tirar o rei e o povo da idolatria e conduzi-los à fidelidade a Deus. Alguns escritos desse período e outros posteriores revelam tal preocupação.

O movimento profético

Desde o início da monarquia, com Saul e Davi, evidenciam-se alguns profetas. Em alguns textos eles são mencionados em episódios que antecedem a monarquia e aparecem como "videntes" (1Sm 9,9), "doidos" ou pessoas esquisitas que dançam, tiram a roupa e caem em delírio (1Sm 10,5-6; 19,24). Em outros textos, são apresentados mais positivamente interpretando sonhos (Dt 13,2-4) e consultando a Deus (1Sm 8,6-7). Alguns personagens famosos anteriores a esses reis receberam o nome de profetas: Abraão (Gn 20,7), Moisés (Dt 18,15; 34,10-12), Josué (Eclo 46,1), Miriam (Ex 15,20), Débora (Jz 4,4) e outros. Mas trata-se de uma aplicação posterior, em uma época em que a palavra "profeta" talvez não tivesse o sentido estrito, usado para os profetas clássicos (Amós, Isaías etc.).

O movimento profético não era exclusivo de Israel. Era conhecido também entre os povos vizinhos, no Egito, na Mesopotâmia e em Canaã. Há uma estreita ligação entre os escritos de Mari, na Mesopotâmia, e os de Israel. Ambos consideravam o profeta um ser humano que recebia uma missão e era enviado geralmente ao rei levando uma mensagem oral, transmitida em momento de crise. Já nos demais povos, o profeta era visto como um mensageiro celeste. Em Israel, a mensagem era dirigida também ao povo. Além da mensagem, os profetas interpelavam o rei e o povo, exigindo deles uma transformação interior e exterior. Anunciavam e denunciavam, arriscando frequentemente a própria vida. O anúncio muitas vezes era feito também com ações simbólicas.

Os profetas ou videntes eram muito procurados para resolver os mais diversos problemas da vida do povo mediante uma consulta à divindade (1Sm 2,27-36). Motivos de saúde (1Rs 17,17-22), perda de um jumento (1Sm 9,3-10) ou defesa do território eram algumas das razões para consultar um profeta (Nm 22, 2-6). Os reis e governadores procuravam o apoio dos profetas ou grupos de profetas, porque buscavam na

Profetas e primeiros textos bíblicos: Deus escreve nas linhas da história

palavra deles a legitimidade divina de seu poder. O apoio desses profetas representava o apoio divino e a garantia de submissão e obediência dos súditos. Também na história do povo de Israel sucedia o mesmo.

A mudança do sistema tribal para o sistema monárquico ocorreu com o consentimento do profeta Samuel (1Sm 3,20). Ele foi procurado pelos chefes das tribos que queriam essa mudança (1Sm 8,4-5). De fato, Samuel atendeu à solicitação, mesmo a contragosto, ungindo os primeiros reis de Israel: Saul (1Sm 10,1) e Davi (1Sm 16,13). No período de Saul, fala-se de um grupo de profetas (1Sm 10,5.10), mas seus nomes e suas funções são desconhecidos. O texto de 1Sm 10,5.9-13 apenas deixa clara a relação primitiva dos profetas com a música e o transe. Parece ter sido a forma pela qual eles contagiavam a comunidade presente e exprimiam ações simbólicas por meio de mímicas, como em 1Rs 22,11. Os grupos de profetas são conhecidos no tempo de Samuel, Elias e Eliseu; depois não se fala mais neles. Natã não parece fazer parte dos "irmãos profetas" ou grupo de profetas; atua numa outra linha, integrado na corte, junto a Davi (2Sm 7; 1Cr 17), e na escolha e unção de Salomão como sucessor de Davi (1Rs 1,11-39).

Os profetas de Israel e os profetas de outros povos

Havia uma diferença entre os profetas de Israel e os profetas dos outros povos. Os profetas sempre estavam ligados a Deus e aos líderes do povo. Na Bíblia, o Deus do povo de Israel não existia para legitimar o poder do rei. Tal poder existia para servir à aliança, ao projeto de Deus (Dt 17,14-20; 1Sm 8,1-22). Vamos ver adiante que, no tempo do rei Acab e de outros, quando os monarcas se opunham à aliança e ao projeto de Deus, os profetas se tornavam independentes, críticos e livres diante do poder, mesmo tendo ungido os reis, como foi o caso de Saul, Acab e outros (1Rs 19,10.14).

Nos demais povos, os profetas não chegaram a ser um grupo independente, crítico do poder, porque a função da divindade era legitimar o poder do rei. Não era possível, então, conceber um profeta crítico ao poder do rei, pois este era o representante direto da divindade; em muitas culturas, ele era o filho de deus na terra. Tudo o que ele falasse ou fizesse era expressão da vontade dos deuses e não podia ser modificado nem questionado. Com isso, se consolidava a posição dos reis e muitas arbitrariedades eram realizadas.

51

MONARQUIA NA TERRA DE ISRAEL
Aprox. séc. XI a VI a.E.C.

MONARQUIA UNIDA - séc. XI a X

Período (Aprox.)	Reis	Profetas
1030-1010	Saul	Samuel (Juiz/Profeta)
1010- 976	Davi	Natã - Gad - Aías de Silo
976- 931	Salomão	

SINCRONIA DOS REIS DE ISRAEL E JUDÁ
MONARQUIA DIVIDIDA

REINO DE ISRAEL (NORTE) - séc. X a VIII

Período	Reis de ISRAEL	Profetas
931-910	JEROBOÃO I	Aías de Silo
910-909	Nadab	
909-886	Baasa	
886-885	Ela	
7 dias	Zambri (= Zinri)	
885-874	AMRI (Onri)	
874-853	ACAB	
853-852	Ocozias	Elias/Eliseu
852-841	Jorão	Miqueias de Jemla
841-814	JEÚ	
814-798	Joacaz	
798-783	Joás	
783-743	JEROBOÃO II	
743	Zacarias	Amós
743	Selum	Oseias
743-738	Manaém	
738-737	Faceias (= Pecaías)	
737-732	Faceia (= Peca)	
732-724	Oseias	
722-721	Queda de Samaria	

REINO DE JUDÁ (SUL) - séc. X a VI

Período	Reis de JUDÁ	Profetas
931-913	ROBOÃO	
913-911	Abiam	
911-870	Asa	
870-848	Josafá	
848-841	Jorão	
841	Ocozias (= Acazias)	
841-835	Atalia	
835-796	Joás	
796-781	Amasias	
781-740	Ozias (= Azarias)	
740-736	Joatão	
736-716	ACAZ	Isaías I / Miqueias
716-687	EZEQUIAS	
687-642	Manassés	
642-640	Amon	
640-609	JOSIAS	Baruc / Hulda / Sofonias / Habacuc
609	Joacaz	Jeremias
609-598	Joaquim	Naum
598	Joiaquin	
598-587	Sedecias	
587-586	Queda de Jerusalém	

FONTE: GRUEN, W. *O tempo que se chama hoje:, uma introdução ao Antigo Testamento*. São Paulo, Paulus, 1978, p. 81.
ARTE: José Flávio Morais Castro, 2001.

Visão global 7
Entre a fé e a fraqueza

 Serviço de Animação Bíblica - SAB

© Pia Sociedade Filhas de São Paulo, 2001

Os profetas eram mensageiros de Deus para o povo

Há muitas explicações válidas para a origem e o significado da palavra "profeta". O mais provável é que seja de origem acádica: nabu, traduzida para o grego profetés e, em nossa língua, "profeta". Significa "falar em nome de alguém", "proferir algo em nome de alguém". No sentido bíblico, o profeta é aquele que fala em nome de Deus, porque se sente chamado por ele para essa missão. Muitos profetas encontraram dificuldades para aceitar essa difícil missão, porque incomodava, chamava a atenção para injustiças, exploração e idolatria que andavam soltas (cf. Mq 3,1-4; Jr 20,7-9).

Há outras palavras que às vezes são usadas para falar do profeta, como: vidente, visionário, sonhador, homem de Deus, servo de Javé, adivinho, sentinela. Todos esses nomes revelam algum aspecto do profeta, mas não expressam a totalidade de sua essência e missão. No período da monarquia unida, havia poucos profetas. Samuel, que atuou na mudança do regime tribal para o monárquico, criticou a monarquia e resistiu a ela, mas acabou aceitando a missão de ungir Saul e Davi, porém acabou rejeitando o primeiro (1Sm 10; 15,10-23) (cf. quadro da figura 23).

Natã começou sua missão profética na corte, durante o reinado de Davi. Aparece pela primeira vez no segundo livro de Samuel, sem nenhuma apresentação (2Sm 7,2). Não conhecemos sua origem, nem como ocorreu seu chamado à missão profética. Ele aparece ouvindo o desabafo de Davi: "... o rei disse ao profeta Natã: 'Vê! Eu habito numa casa de cedro e a Arca de Deus habita numa tenda!'. Natã respondeu ao rei: 'Vai e faz o que o teu coração diz, porque o Senhor está contigo'". Mais adiante Natã confirmou a perpetuidade da casa de Davi (2Sm 7), recriminou seu adultério (2Sm 12) e interveio na escolha de Salomão como sucessor (1Rs 1). Pode-se perceber um forte conteúdo ideológico na profecia de Natã, favorável à dinastia davídica.

Gad foi outro profeta que atuou na corte de Davi (2Sm 24,11). Ele é chamado "vidente" de Davi. Deu ordens para Davi sair da caverna de Odolam (1Sm 22,5); foi muito severo com o rei, por causa do recenseamento que este mandou realizar, propondo-lhe escolher entre três castigos (2Sm 24,11-14.18-19; 1Cr 21,9-13.18-19). Nos textos anteriores, Gad e Natã aparecem como conselheiros do rei para despertar e resolver as implicações religiosas das decisões políticas (2Sm 7; 12;

24). Apesar de severos, eram escutados pelo rei.

A autossuficiência do poder e glória de Salomão pode ser percebida pela ausência de qualquer manifestação profética durante sua realeza, após sua unção, efetuada pelo profeta Natã. O Templo é a garantia absoluta de seu poder.

Escritos da época da monarquia unida

No período da monarquia unida (1030 a 931 a.E.C.), surgem novos escritos bíblicos: a chamada Tradição Javista, a História da Sucessão Dinástica de Davi, alguns provérbios e alguns salmos.

Na Bíblia não conhecemos nenhum livro com o nome de Tradição Javista nem História da Sucessão Dinástica. Esses textos estão espalhados em alguns livros da Bíblia. Os textos da Tradição Javista encontram-se espalhados sobretudo nos cinco primeiros livros da Bíblia: Gênesis, Êxodo, Levítico, Números e Deuteronômio, também conhecidos como a coleção do Pentateuco ou a Torah,[1] atribuída a Moisés. Uma afirmação explícita se encontra no evangelho de Marcos:

"Moisés deixou-nos escrito" na Torah (Mc 12,19). A Torah compreende os cinco primeiros livros da Bíblia. Ao ler esses livros, os estudiosos perceberam que havia nos escritos atribuídos a Moisés nomes diferentes dados ao mesmo Deus, interrupções bruscas, repetições, algumas contradições etc. Como isso seria possível, se o autor era um só, Moisés? A partir de então, começou-se a aceitar a ideia de que muitos eram os autores do Pentateuco, de épocas, lugares e mentalidades diferentes. Ao lado da Tradição Javista são conhecidas outras tradições ou escritos, como veremos mais adiante, que foram ajuntados pouco a pouco em um só e formaram o Pentateuco.

Tradição Javista

O grupo javista recolheu tradições orais antigas e deu-lhes uma interpretação religiosa. Elas se concentram principalmente em Gênesis e Êxodo. Leia em sua Bíblia alguns textos: Gn 2,4b–4,26; 12–13; 18–19; 24; Ex 3,1-5.7-8; 16,20; 5,3-4.6-8. 10-22. Há muitos outros; vamos estudar alguns na segunda e terceira séries da coleção "Bíblia em Comunidade". Observe na leitura desses

---

[1] ToRaH vem da raiz do verbo y.r.h. em hebraico, e significa instruir, ensinar, orientar. Este verbo deu origem ao substantivo RoRaH que, por sua vez, significa ensinamento, instrução, orientação. Inicialmente compreendia os dez mandamentos, depois os cinco primeiros livros da Bíblia, o Pentateuco.

Profetas e primeiros textos bíblicos: Deus escreve nas linhas da história

textos o estilo narrativo e o modo de falar de Deus, que são próprios dessa tradição, que é uma das muitas fontes usadas na composição da Bíblia. Os autores da Tradição Javista valorizam as narrativas sobre os patriarcas, a promessa, a Páscoa, as bênçãos... Interessam-se pelas respostas do povo a Deus e fazem uma leitura da história e de suas marcas no passado.

O grupo javista reúne material preexistente de origem e finalidade diversa, proveniente sobretudo do Sul do país, inserindo-o no contexto da monarquia unida com o intuito de legitimar sua instituição que, nessa época, apresentava sérios problemas de natureza política, social e, sobretudo, religiosa para Israel. Mais tarde a dinastia davídica é relida por outro grupo, como sendo a realização das promessas feitas por Deus aos patriarcas e a seus descendentes (2Sm 7,1-29).

História da sucessão dinástica de Davi: rivalidades e mortes

A história da sucessão dinástica encontra-se em 2Sm 9–20 e em 1Rs 1–2. Essas narrativas são muito antigas e não sofreram grandes retoques no decorrer dos anos de sua formação até a redação final, por volta de 445 a.E.C. O prefácio desses

capítulos parece ter sido a profecia de Natã (2Sm 7), que justificou a descendência de Davi no trono, e não a do rei Saul. Embora Saul fosse o primeiro rei de Israel, não estava determinado ainda que seria um filho seu que teria direito ao trono. A monarquia ainda estava em fase inicial, e a questão da sucessão só veio a ser definida no tempo de Davi.

Davi fez o levantamento dos sobreviventes da família de Saul. Descobriu Meribaal, neto de Saul e filho de Jônatas, seu grande amigo, e o tratou com bondade e generosidade, mas o direito à sucessão ao trono coube a Salomão. A dinastia de Davi se impôs mediante seu filho Salomão, apesar da sobrevivência de Meribaal (2Sm 9), da oposição de Seba (2Sm 20), do adultério de Davi (2Sm 10–12), da revolta de Absalão (2Sm 15–18) e das intrigas de Adonias, estes dois pretendentes ao trono de Davi (1Rs 1–2).

O conjunto dessa história tem uma boa conotação antimonárquica, revelando os podres da sucessão, na qual muito sangue correu para se defender o próprio interesse.

Provérbios: a educação popular

Nesse período surgem os primeiros provérbios escritos, os quais foram recolhidos depois, junto com outros

Visão Global 5

(Pr 10,1–22,16). Esses capítulos são considerados a parte mais antiga do livro. Trazem normas de conduta atribuídas a Salomão, na forma de ditos ou máximas populares breves. Eram fáceis de ser gravados na memória e muito usados no ensino oral. O pai e a mãe os ensinavam aos filhos (Pr 1,8; 4,10). Provérbios faz parte da literatura sapiencial que integra outros livros com ensinamentos semelhantes.

Jó

O livro de Jó faz parte da literatura sapiencial. Tudo indica que essa obra foi escrita em dois períodos históricos diferentes. Uma pequena parte do início e do final do livro surgiu provavelmente durante o período da monarquia unida. Se lermos na sequência o prólogo, em Jó 1,1–2,13, e o epílogo, em Jó 42,7-17, vamos perceber uma unidade na forma, no conteúdo e na visão teológica, que diferem da parte central (Jó 3,1–42,6). É bem provável que, em princípio, a parte inicial e a final tenham constituído um conto folclórico à parte, ao qual foram acrescentados os capítulos centrais de Jó. Estes são apresentados em poesia e comumente colocados no pós-exílio. Constituem a parte mais recente da obra. Quem lê somente a introdução e a conclusão da obra fica com a falsa ideia de um Jó paciente e resignado. Ideia que ainda hoje permanece: "haja paciência de Jó".

O prólogo e o epílogo do livro narram a paciência exemplar de um homem da terra de Hus, talvez da região de Edom (Jó 1,1), próximo ao mar Morto. Ele tinha um alto conceito entre os "filhos do Oriente". Era um servo de Deus rico e feliz. Deus permitiu a Satã[2] prová-lo em seus bens, nos filhos e, depois, em seu corpo, mas ele continuava fiel. A mulher o aconselha a se revoltar contra Deus e nada consegue. Jó continua paciente, aceitando tudo como vindo de Deus. Os amigos se solidarizam e depois entram em confronto com o modo de pensar de Jó. O epílogo em prosa conclui o livro, aprovando a atitude de Jó, que recebe tudo de volta, em dobro, como recompensa de sua resignação.

Há quem pense que essa história permeada de uma piedade sem igual (Jó 1,1-8; Tg 5,11) circulasse de forma oral entre os sábios do Oriente

---

[2] Em hebraico, a palavra "Satã" significa "o acusador", o advogado de acusação. É um personagem muito concreto. Jó não se refere a Satanás, nem ao diabo, como normalmente se entende: um ser abstrato, invisível, força má oculta e concorrente de Deus. Em tempos difíceis, a figura de Satã foi espiritualizada, o que não faz justiça à intenção do autor de Jó.

Médio, por volta do ano 1000 a.E.C., e tenha sido recontada em hebraico na época de Samuel, Davi e Salomão; depois, com bastante certeza, foi-lhe acrescida, no pós-exílio, a parte em poesia (Jó 3,1–42,6), na qual um autor anônimo refuta os textos em prosa sobre a teologia da retribuição e da justiça divina.

Salmos 2; 15; 24; 51–110; 121–134

Muitos desses salmos são conhecidos como régios: os salmos 2 e 110 são oráculos[3] em favor do rei; o 61 e o 72 são orações pelo rei; o 63 e o 101 são orações do rei; o 132 é um canto real de procissão. Os salmos 2, 72 e 110 podem ter sido salmos de entronização de um rei. São poemas antigos, provavelmente da época da monarquia, porque refletem a linguagem e o cerimonial da corte. O rei é chamado filho adotivo de Deus, afirma-se que seu reino não terá fim, que seu poder se estenderá até os confins da terra, que fará triunfar a paz e a justiça e será o salvador do povo. Tais expressões podem parecer extravagantes, mas refletem aquilo que os povos vizinhos diziam de seus soberanos e era o que Israel esperava de seu rei.

Em Israel, o rei recebia a unção que fazia dele um vassalo do Senhor e seu representante na terra. Ele é o ungido do Senhor; em hebraico, um "messias". Quando os reis se afastaram do ideal proposto pelo Senhor, surgiu no povo a esperança de um rei-messias que, no futuro, iria exercer a justiça e salvar Israel. Os salmos 120 a 134 são conhecidos como "Cânticos de subida". Os peregrinos cantavam esses cânticos enquanto se dirigiam ao monte Sião, em Jerusalém (cf. Is 30,29).

Escritos sobre a época da monarquia unida

Os escritos sobre a época da monarquia são muito posteriores a ela; são datados entre os anos 587 e 445 a.E.C. Retratam o período da monarquia unida, e integram dados novos. Pertencem a esse grupo de escritos: Jz 19–21; 1–2Sm; 1Rs 1–11; 1Cr 11–21; 2Cr 1–9; Eclo 47. A preocupação central que se esconde atrás de muitos desses escritos conhecidos como deuteronomistas (Jz, Js, 1–2Sm e 1–2Rs) é o reinado "justo", enquanto em outros do grupo sacerdotal (1–2Cr) é a teocracia, ou seja, o reinado de Deus. Vamos ver um pouco de cada um deles.

---

[3] "Oráculo" no hebraico significa "sussurro", ou seja, o sussurro de Deus ao ouvido dos profetas e dos salmistas. É uma revelação feita ao pé do ouvido. Por ser um sussurro, exigia muita sensibilidade e atenção para ser entendido e captado.

Juízes 19–21

Esses três capítulos de Juízes foram escritos por volta de 530 a.E.C., no pós-exílio; fazem uma leitura do período anterior à monarquia. Constituem o segundo apêndice de Juízes (o primeiro é constituído pelos capítulos 17 e 18). Jz 19–21 retrata a guerra contra a tribo de Benjamim, suas causas e consequências. O capítulo 19 apresenta o motivo da guerra: a trágica morte da concubina de um levita de Efraim. Em Gabaá, no território de Benjamim, o levita só encontra hospitalidade na casa de um outro efraimita (v. 16). Os benjaminitas não cumprem as leis da hospitalidade, além de cometerem um ato abominável, ao abusar da concubina do levita efraimita, que veio a morrer. O fato causou indignação geral nas outras tribos. O capítulo 20 fala sobre a convocação das tribos para se vingar dos benjaminitas, as operações militares, as emboscadas e a vitória final dos israelitas. O capítulo 21 descreve a reabilitação da tribo de Benjamim, abrindo-lhe a possibilidade de casamento com mulheres de outras tribos.

Os textos apresentam uma crítica à tribo de Benjamim, cuja capital era Gabaá, cidade de origem de Saul, o primeiro rei de Israel. Os estudiosos creem que esses textos refletem um ranço contra Saul e trazem elementos que se encontram na narrativa de Ló em Sodoma (Gn 19,1-11). Na época de Saul, a tribo de Benjamim exerceu uma função muito importante; é pouco provável que tenha havido um declínio da tribo no período da monarquia de Saul, como aparece em Jz 21.

1–2 Samuel

Os dois livros que levam o nome de Samuel não se chamavam assim desde o início. Em algumas Bíblias, ainda hoje levam o nome de primeiro e segundo Reis por causa da Vulgata, que os chamava assim. Receberam o nome de Samuel por causa de uma antiga tradição dos rabinos que consideravam Samuel seu autor.

1 Samuel narra o nascimento do menino Samuel, sua vocação profética e sua missão como juiz e libertador do povo (1Sm 1–7). Israel enfrentou guerras sobretudo contra os filisteus, que em Silo arrebataram a Arca da Aliança. Diante das dificuldades criadas pelos países vizinhos, Israel sentiu a necessidade de um rei. Enfrentou a resistência de Samuel, que atendeu de má vontade ao pedido do povo e constituiu Saul primeiro rei de Israel (1Sm 8–12).

Desde o início Saul enfrentou guerras contra os filisteus e contra os amalecitas (1Sm 13–15). Ainda durante o reinado de Saul, Davi foi ungido rei por Samuel. Chegou à corte e logo se projetou em razão de sua habilidade política e guerreira. Provocou o ciúme de Saul, que o via como rival e o perseguia. Davi fugiu de suas ameaças. Por fim Saul morreu no monte Gelboé, enquanto Davi seguia para Hebron (1Sm 16–31).

No início de 2 Samuel, Davi tomou conhecimento da morte de Saul. O texto fala de sua proclamação como rei das tribos do Sul, em Hebron (2Sm 2,1-4), e, sete anos e meio depois, como rei das tribos do Norte (2Sm 5,1-5).

1 Reis 3–11

A redação final das narrativas de 1Rs 3–11 são do período do pós-exílio. Retratam a chegada de Salomão ao trono com a eliminação de seus irmãos e dos opositores ao trono de Davi. Salomão, em seu reinado, é apresentado como rei sábio, construtor e comerciante.

1 Crônicas 10–20

Esses capítulos de 1 Crônicas têm início recordando a morte de Saul sobre o monte Gelboé. Apresentam Davi como o fundador do culto do Templo. Recordam sua unção e realeza. Falam sobre o translado da arca da Aliança para Jerusalém, falam

sobre a profecia de Natã a respeito da casa de Davi e de suas campanhas militares.

O autor cronista não fala da vida particular de Davi, nem mesmo das rivalidades ocorridas quando de sua sucessão, talvez para confirmar a justificativa que o próprio autor apresenta em 1Cr 22,8: "Tu derramaste muito sangue e travaste grandes batalhas; tu não construirás uma casa ao meu nome". Davi empreendeu muitas batalhas e teve sucesso (1Cr 18,1-13). Ele teria oferecido os despojos para a construção do Templo (1Cr 29,1-5).

2 Crônicas 1–9

O segundo livro de Crônicas recorda, nos capítulos 1 a 9, a maior obra de Salomão: a construção do Templo de Jerusalém. O texto ignora os pecados do monarca (1Rs 2,13–3,3), mas ressalta sua riqueza e glória como frutos da bênção divina.

Eclesiástico 47

O Eclesiástico, no capítulo 47, recorda a atuação do profeta Natã junto ao rei Davi, a escolha deste entre os filhos de Israel, lembrando seus feitos, e Salomão, que o sucedeu no trono, mas não foi tão fiel quanto o pai. E lembra por fim Roboão "como o mais louco do povo e pouco inteligente" (Eclo 47,23)

Visão Global 5

e Jeroboão, que "fez Israel pecar e ensinou a Efraim o caminho do mal" (Eclo 47,24).

Conclusão

O final do período da Confederação das Tribos em Israel favoreceu o surgimento da monarquia. Muitas ameaças dos povos vizinhos colocavam em risco a sobrevivência e o espaço territorial das tribos e a produção das tribos mais prósperas. Isso fez com que parte do povo, a exemplo dos demais povos, pedisse um rei a Samuel, o último juiz.

Saul foi o primeiro rei escolhido por Samuel. Fez a transição do sistema de governo tribal para o sistema monárquico. Mesmo assim, não podemos dizer que Saul tenha deixado um Estado burocrático com uma organização estatal centralizada, com um exército permanente, um palácio, um corpo de funcionários estáveis, um santuário com um culto próprio. Nada disso havia. Talvez ele tivesse apenas certa autoridade no recrutamento das tribos, para manter uma tropa defensiva com poderes permanentes. Terminou a vida numa batalha contra os filisteus, no monte Gelboé.

Com Davi, a monarquia tomou um novo impulso. Era hábil político, bem-sucedido em suas campanhas militares, tinha muitas qualidades

pessoais que favoreceram sua liderança inicialmente sobre as tribos do Sul e depois sobre as tribos do Norte. Davi conquistou Jerusalém e comprou a colina sobre a qual edificou seu palácio. Constituiu um exército permanente e organizou um Estado burocrático e autônomo, no qual já aparecem funções e listas de funcionários. Em seu reinado, as tribos chegaram ao máximo de sua expansão territorial. Houve muitas disputas na sucessão ao trono de Davi, com a ascensão final de Salomão.

Salomão se tornou conhecido como rei sábio. A ele foram atribuídos muitos livros do Primeiro Testamento. Mas sua sabedoria está ligada à habilidade comercial e política, e não ao fato de ter escrito livros. Ele se tornou famoso pela construção do Templo de Jerusalém, onde era celebrado o culto ao Senhor. Mas Salomão foi recriminado por sua infidelidade ao Senhor, pois casou com mulheres estrangeiras que introduziram o culto a outros deuses e desviaram o coração do rei. Já no final do reinado de Salomão aparecem as revoltas sobretudo das tribos do Norte, que reclamam dos pesados impostos. Com sua morte, o reino de fato se dividiu em dois: o reino de Judá, no Sul, com Roboão, e o reino de Israel, no Norte, com Jeroboão.

Profetas e primeiros textos bíblicos: Deus escreve nas linhas da história

Alguns profetas são mencionados atuando no período de Saul e Davi. Os maiores destaques são dados ao profeta Samuel, que endossa a transição do regime tribal para a realeza, e ao profeta Natã, que dá o caráter de eleição divina à dinastia davídica. Há também a menção ao profeta Aías de Silo, que apoia a revolta de Jeroboão (1Rs 11,29-30).

LINHA DO TEMPO: PERÍODO DA MONARQUIA UNIDA (1030-931 A.E.C.)[4]

Império	
Anos	1030-931 a.E.C.
Época	Monarquia unida
Personagens não bíblicos	Filisteus
Personagens bíblicos	Samuel, Saul (1030-1010), Davi (1010-970), Salomão (970-931)
Realidade e problemas: situação do povo	Acumulação de poder, riqueza e terras. Tributos. Trabalhos forçados. Resistência dos agricultores. Expansão e unificação territorial. Idolatria.
Escritos da época	Javista (J); História da Sucessão de Davi (2Sm 9–20;1Rs 12); Primeiros Provérbios; Salmos: 2; 15; 24; 51–110; 121–134
Escritos sobre a época	Jz 19–21; 1–2Sm; 1Rs 1–11; 1Cr 10–20; 2Cr 1–9; Eclo 47

---

[4] Reproduzido (com modificações) de: "História do povo de Deus: linha do tempo", em CRB, *A formação do povo de Deus*, apêndice 5 (São Paulo, Loyola, 1990, coleção Tua palavra é vida).

Roteiro para o estudo do tema

1. Oração inicial
Conforme a criatividade do grupo.

2. Mutirão da memória
Compor a síntese do conteúdo já lido por todos no subsídio. Caso as pessoas não tenham o subsídio, ficará a cargo do(a) líder expor a síntese.

3. Partilha afetiva
Em grupos ou no plenário, conversar:

- Em minha vida, houve pessoas que foram como profetas?
- Quem são as pessoas proféticas em nossa comunidade?

4. Sintonia com a Bíblia
Ler: Pr 10,1-22.

Esse texto traz a educação que os pais davam às crianças em casa, no tempo de Salomão. Deus assume a sabedoria do povo, como Palavra sua.

Diálogo de síntese

- Quais os "provérbios" que usamos em casa para educar nossos filhos?
- Será que Deus os assumiria como Palavra dele?

Lembrete: para a próxima reunião, trazer cachos de uva e folhas de videira (podem ser de plástico ou desenhados e recortados em papel), um tronco com galhos e fita adesiva para prender os ramos e cachos aos galhos, formando assim uma videira.

Subsídios de apoio

Bibliografia utilizada

AHARONI, Y.; AVI-YONAH, M. *Atlante della Bibbia*. Piemme: Casale Monferrato, 1987. p. 72.

CRB. *A formação do povo de Deus*. São Paulo: Loyola, 1990. Apêndice 5, Coleção Tua palavra é vida).

GARAFALO, S. Gerusalemme/Sion. In: *Nuovo dizionario di teologia biblica*. Torino: Paoline, 1988. pp. 582-595.

MONLOUBOU, L.; DU BUIT, F. M. Saul. In: *Dizionario biblico storico/critico*. Roma: Borla, 1987. pp. 904s. [Ed. brasileira: *Dicionário bíblico universal*. Aparecida/ Petrópolis: Santuário/Vozes, 1997.]

Bibliografia de apoio

AUTH, Romi; DUQUE, Maria Aparecida. *O estudo da Bíblia em dinâmicas: aprofundamento da Visão Global da Bíblia*. São Paulo: Paulinas, 2011. pp. 105-118.

BRIGHT, J. *História de Israel*. 7. ed. São Paulo: Paulus, 2003. 638p.

CAZELLES, H. *História política de Israel: desde as origens*. São Paulo: Paulus, 1986. pp. 197-265.

DA SILVA, A. J. *A história de Israel na pesquisa atual*. Estudos bíblicos. Petrópolis, n. 71, pp. 62-74, 2001.

DONNER, H. *História de Israel e dos povos vizinhos*. Santa Maria, Pallotti, 1997. v. 1 e 2, pp. 197-273.

_____. *História de Israel e dos povos vizinhos I-II*. 4. ed. São Leopoldo: Sinodal/Vozes, [1997] 2006.

KESSLER, R. *História social do antigo Israel*. São Paulo: Paulinas, 2009. pp. 81-149.

LIVERANI, M. *Para além da Bíblia: história antiga de Israel*. São Paulo: Loyola/Paulus, 2008. p. 544.

METZGER, M. *História de Israel*. São Leopoldo: Sinodal, 1989. pp. 56-80.

PIXLEY, J. *A história de Israel a partir dos pobres*. 10. ed. Petrópolis: Vozes, [1989] 2008, 136 p.

SILVA, Aldina da. *Amós: um profeta politicamente incorreto*. São Paulo: Paulinas, 2002.

SICRE, J. L. *De Davi ao Messias*. Petrópolis: Vozes, 2000. pp. 21-103.

SKA, J.-L. *Introdução à leitura do Pentateuco: chaves para a interpretação dos cinco primeiros livros da Bíblia*. São Paulo: Loyola, 2003.

Recursos visuais

CASTRO, J. F. M. *Transparências de mapas e temas bíblicos para retroprojetor*. São Paulo, Paulinas, 2001.

Sumário

APRESENTAÇÃO 5

METODOLOGIA 7

INTRODUÇÃO 11

1º TEMA: MUDANÇA DE REGIME POLÍTICO EM ISRAEL 13
Roteiro para o estudo do tema 25

2º TEMA: DAVI, DE PEQUENO PASTOR A GRANDE REI:
C. 1010-970 A.E.C. 27
Roteiro para o estudo do tema 38

3º TEMA: GRANDEZAS E SOMBRAS DO REINO DE SALOMÃO:
970-931 A.E.C. 39
Roteiro para o estudo do tema 48

4º TEMA: PROFETAS E PRIMEIROS TEXTOS BÍBLICOS:
DEUS ESCREVE NAS LINHAS DA HISTÓRIA 49
Roteiro para o estudo do tema 62

SUBSÍDIOS DE APOIO 63

Rua Dona Inácia Uchoa, 62
04110-020 – São Paulo – SP (Brasil)
Tel.: (11) 2125-3500
http://www.paulinas.com.br – editora@paulinas.com.br
Telemarketing e SAC: 0800-7010081